AF396828

TRAITÉ

SUR L'ART

DES COMBATS DE MER.

DE L'IMPRIMERIE DE FAIN, RUE DE RACINE, PLACE DE L'ODÉON.

TRAITÉ

SUR L'ART

DES COMBATS DE MER.

DÉDIÉ

A S. A. R. M⁣ᵍʳ. LE DUC D'ANGOULÊME,

GRAND AMIRAL DE FRANCE;

Par M. le Chevalier DELAROUVRAYE,
LIEUTENANT DE VAISSEAU.

Delenda est Britannia.

PARIS,

BACHELIER, LIBRAIRE POUR LA MARINE,
QUAI DES AUGUSTINS, N°. 55.

1815.

A Son Altesse Royale Monseigneur le DUC D'ANGOULÈME, Grand Amiral de France.

Monseigneur,

Daignez me permettre de vous faire hommage de ce *Traité sur l'Art des Combats de mer;* il vous est offert par un Marin dont l'unique désir est de servir bien, et toute sa vie, son Souverain et sa Patrie.

Je suis avec le plus profond respect,

Monseigneur,

De Votre Altesse Royale,

Le très-humble, très-soumis et très-obéissant serviteur,

Le Chev.r DELAROUVRAYE.

AVANT-PROPOS.

L'art de conduire des vaisseaux au combat, et, de
les manier les uns par rapport aux autres, soit en
combat singulier, soit en escadre, est la partie de notre métier qui doit attirer toute l'attention de l'officier
militaire, une fois qu'il est assez formé pour faire
exécuter à un bâtiment seul tous les mouvemens
dont son mécanisme le rend capable; car c'est de sa
grande habileté dans cette partie, que doit dériver la
gloire de son pavillon et la sienne propre. Or, avant
que d'entrer en lice, il doit avoir prévu d'avance tous
les cas dans lesquels il est susceptible de se trouver,
et les conséquences qui peuvent en résulter, afin de
ne rien laisser au hasard de ce qui peut être calculé.

Les manœuvres à exécuter par deux vaisseaux
isolés qui vont à la rencontre l'un de l'autre pour se
combattre, ou dont l'un veut éviter l'autre, étant
celles qui ont été pratiquées le plus souvent, doivent
être aussi les mieux connues; il reste même bien peu
de choses à dire après ce qui a été écrit à ce sujet.
Et il ne resterait rien du tout, si les officiers qui se
sont distingués dans ce genre de combat, avaient eu
la bonté de penser à notre instruction après avoir
travaillé à leur gloire.

Le grand art, dans le combat singulier, est de savoir s'emparer des positions les plus avantageuses et de les bien conserver, une fois qu'on les a prises : c'est-à-dire, de se placer toujours de manière à faire à son adversaire tout le mal possible, en ne s'exposant à en recevoir de sa part que le moins possible.

Le nombre des ordres, ou combinaisons, dans lesquelles on peut ranger un certain nombre de vaisseaux, quoiqu'il pût être encore augmenté, est cependant assez complet dans notre tactique pour pouvoir donner à une escadre toutes les formes dans lesquelles on peut imaginer la faire combattre. Mais il reste à faire l'application de ces ordres aux manœuvres de combat.

Ces manœuvres de combat doivent consister:

1°. Dans l'ordre à établir une escadre, par rapport à celui où se trouve actuellement une autre escadre, au vent ou sous le vent, que l'on veut attaquer ; prévoir les changemens que cette escadre pourra faire dans ses combinaisons, et aussi ceux à y opposer afin de la joindre dans l'ordre le plus convenable pour la combattre avec le plus d'avantage possible.

2°. A se former dans les ordres les plus propres à opposer la plus grande résistance possible à une escadre venant du vent ou de dessous le vent, pour attaquer; à prévoir tous les moyens que peut employer

cette armée pour acquérir une supériorité de position;
et en trouver de convenables pour déjouer ses projets.

Pour qu'une escadre puisse en attaquer une autre
avec l'espoir du succès, il faut, si elle ne lui est pas
supérieure ou égale en force, qu'elle ne lui soit inférieure que d'un petit nombre de vaisseaux; autrement
ce serait une folie qui ne pourrait être autorisée que
par la connaissance parfaite du mauvais état des
forces ennemies, ou par l'extrême utilité qu'il y aurait
à le retarder dans sa marche. Nous supposerons donc
toujours que l'escadre attaquante est d'une manière
quelconque égale ou supérieure a celle attaquée.

Maintenant, pour obtenir par sa position une nouvelle supériorité, il faut,

1°. Autant qu'on le peut, se saisir de la position du
vent la plus favorable pour l'état du temps de la mer et
le lieu où l'on se trouve. (Cette dernière considération
est d'autant plus *importante* qu'on est près de terre.)

2°. Se placer de manière à faire agir la totalité de
ses forces contre une partie moindre de celles adverses,
et que cet avantage soit de la plus longue durée possible.

3°. Faire tout ce qu'on peut pour rompre l'ordre
dans lequel l'ennemi a résolu de combattre, afin de
l'obliger à faire dans le feu des changemens qu'il n'a-
vait peut-être pas prévus; mettre par là de l'indécision

et par conséquent de la lenteur dans ses mouvemens. (Chose extrêmement préjudiciable en pareille circonstance!) Mais en essayant ainsi de troubler l'ordre de l'ennemi, il faut d'avance prévoir les conséquences afin de continuer ses opérations d'après un plan concerté, soit qu'on réussisse ou non.

Un arrangement bien exact parmi les vaisseaux d'une escadre qui combat, est une chose impossible à conserver, à cause du grand nombre d'événemens qui concourent à le troubler, par la complication des machines nécessaires pour mouvoir un vaisseau, et du grand nombre de ces machines dont plus ou moins d'eux sont privés après un certain temps. Ce défaut de rectification dans l'ordre de combat, peut être regardé comme nul, en ce que l'une et l'autre des armées combattantes étant sujettes aux mêmes inconvéniens, doivent être supposées également désemparées de part et d'autre. Mais les avaries majeures qu'auraient éprouvées quelques vaisseaux, deviendraient de la plus haute importance à celle qui s'aviserait d'exécuter un mouvement général pour changer l'ordre dans lequel elle est établie; car la plupart des vaisseaux manqueraient probablement leur évolution, et produiraient une confusion bien favorable à l'armée qui, n'ayant pas bougé, continuerait un feu d'autant plus vif qu'il ne serait que peu ou point riposté; et, agissant sagement, ne ferait de mouvemens, s'il le devenait indispensable, qu'a-

près avoir profité de tout le désordre qui serait sur-
venu dans le premier, désordre qu'elle n'aurait pas
manqué de prolonger par les nouvelles avaries qu'elle
lui aurait causées. On doit donc regarder comme très-
imprudent de manœuvrer sous le feu de l'ennemi.
De là naît l'extrême nécessité d'un bon choix dans le
premier ordre de combat, afin de n'en plus changer.

Si la position de deux armées combattantes était
telle qu'une partie des forces de celle attaquée fussent
annulées dès le commencement de l'action, cette armée aurait un grand désavantage; car sa partie attaquée l'étant par des forces bien supérieures, serait
battue sans pouvoir faire à celle ennemie un mal proportionné à celui qu'elle recevrait, en sorte que cette
partie serait totalement détruite, tandis que les vaisseaux qu'elle aurait combattus seraient encore en état
de soutenir une action avec vigueur; et ces derniers,
restant en plus grand nombre capables de combattre,
combattraient encore avec supériorité de nombre,
ceux des vaisseaux de l'escadre attaquée qui arriveraient les derniers au feu.

On doit donc rechercher avec beaucoup de soin
une combinaison qui mette à même de combattre
l'ennemi partiellement.

Il existe pour une armée attaquante un désavantage bien difficile à éviter, c'est celui de ne pouvoir
arriver à portée de combattre sans s'exposer à une

longue canonnade gratuite de la part de celle qui reçoit l'attaque. Ce prélude, qui a causé la perte de
plusieurs batailles, ne peut être évité qu'autant que
l'escadre attaquée, elle-même désireuse d'en venir à
une action, veut bien en dispenser celle qui donne
l'attaque, afin de ne pas retarder le moment de la
jonction ; mais une seule manière d'attaquer permet
aux deux armées de se joindre sans cette canonnade,
et cette manière étant extrêmement désavantageuse à
celle qui la reçoit, on ne doit pas compter qu'elle se
prêtera à pareille manœuvre.

Le seul moyen d'obvier aux inconvéniens de cette
canonnade, est de se former dans un ordre tel qu'un
petit nombre de vaisseaux venant à être endommagés puissent, en quittant leur poste, ne déranger ni
l'ordre de leur armée, ni le plan d'attaque.

Ce n'est guère que l'armée qui a la position du vent
qui peut former une attaque sur son adversaire; aussi
cette position est-elle inappréciable : car elle met en
état de dicter à celle de dessous le vent toutes les conditions du combat. Elle donne la facilité de primer de
manœuvres, et ce n'est que dans cette position que
l'on peut annuler pour un temps une partie des forces
ennemies. C'est donc un grand pas vers la victoire que
de pouvoir réunir aux avantages de donner l'attaque
celui du vent.

Quant à une armée qui reçoit l'attaque, dans quel-

que position qu'elle soit, elle aura toujours très-bien
manœuvré quand tous ses vaisseaux auront été ame-
nés au feu aussitôt que possible.

Abstraction faite de la rencontre de deux armées
près de terre, leur champ de manœuvre étant constamment le même, accompagné des mêmes circonstances, il m'a semblé qu'on pouvait d'avance calculer
tout ce que deux armées pourraient exécuter l'une par
rapport à l'autre, soit pour se combattre ou pour
s'éviter.

Leurs évolutions m'ont aussi paru devoir se borner
à un très-petit nombre, afin de réunir une grande facilité d'exécution, point bien nécessaire dans les évolutions navales, où la moindre confusion a bientôt
amené un désordre complet.

Il est d'autant plus essentiel de s'occuper sérieusement de cette partie de notre métier, que l'art de la
guerre a, comme toutes les autres sciences, subi de
grands changemens depuis vingt-cinq ans. Autrefois
deux vaisseaux, deux armées s'observaient long-temps,
cherchaient à se contourner, se battaient à demi-portée de canon, et une affaire fort longue entre deux
armées, même d'inégales forces, n'avait souvent pour
résultat que la perte d'hommes et de mâts, sans qu'un
seul vaisseau fût pris. Aujourd'hui deux vaisseaux
s'accostent de suite vergue à vergue, deux armées se
joignent, se mêlent, se confondent tellement que

toute manœuvre générale devient inexécutable , et le combat ne cesse que quand l'une des deux est totalement détruite. Toutes chances égales d'ailleurs, c'est donc du plan d'attaque ou de défense que l'on doit attendre la victoire, et de la conduite particulière de chaque capitaine, qui, pour ainsi dire, livré à lui-même, doit être d'avance bien instruit du plan de son général, afin de le suivre ponctuellement, qu'il puisse ou non communiquer avec lui.

TRAITÉ

SUR L'ART

DES COMBATS DE MER.

PREMIÈRE SECTION.

DES BATIMENS SEULS.

La première section traite de la chasse, de la retraite et des manœuvres de combat de bâtimens isolés. Ce sujet ayant déjà été presque épuisé, particulièrement par M. Bourdé de Villehuet; j'ai été obligé de me servir en plusieurs endroits de ses propres expressions, et de me borner à donner seulement quelques idées supplémentaires aux excellens principes qu'il a mis en avant.

De la Chasse et de la Retraite.

M. Bourdé de Villehuet a démontré avec tant de clarté la manière de chasser un vaisseau au vent à soi, et de se faire chasser par un vaisseau sous le vent, que je me borne à rapporter ici ses mêmes principes; savoir:

1°. Que pour joindre un vaisseau au vent par la voie la plus courte, il faut prendre le même bord que lui, jusqu'à le relever par la perpendiculaire à la route, virer à ce point, et continuer la bordée jusqu'à le relever sur la perpendiculaire à la nouvelle route, revirer à ce point, et continuer ainsi jusqu'à ce qu'on l'ait atteint ; virant toutes les fois qu'on l'amène sur la perpendiculaire à la route ;

2°. Que pour fuir un vaisseau qui est sous le vent et qui chasse, il faut d'abord prendre la bordée qui en éloigne le plus, et la continuer jusqu'à ce qu'on soit hors de danger ou joint ; sans s'amuser à faire des viremens qui tendraient plutôt à raccourcir la chasse qu'à l'alonger.

Je me bornerai de même à rapporter ce qu'il dit de la chasse d'un bâtiment sous le vent.

1°. Savoir : que pour chasser un bâtiment sous le vent à soi, il faut gouverner pour lui couper chemin, en le relevant toujours au même point du compas.

2°. Quand on est sous le vent d'un vaisseau que l'on veut éviter, il faut prendre la route à l'aire de vent directement opposé à celui où on relève ce vaisseau. En effet, soit (*fig.* 1re.) un vaisseau en A au vent d'un vaisseau B, de la quantité AB. Si B veut éviter A, il doit se faire chasser dans la direction AB, afin de rendre la chasse aussi longue que possible, en supposant que A marche mieux que B.

Supposons que B prenne chasse sous un angle de 90° avec AB, suivant BC. Supposons encore que les vitesses de A et de B soient telles qu'au bout d'une heure de chasse A joigne B en C, en parcourant AC.

Maintenant les vitesses restant les mêmes, si B prend chasse sous un angle de 115° avec AB, suivant BD ; au bout d'une heure A, en chassant de la même manière, sera en L quand B sera en D ; et au lieu de le joindre, comme en C, il en restera éloigné de la quantité DL ou KH qui lui est égale. Si B court à 140° avec AB, suivant BE, après une heure de chasse, A sera en M quand B sera en E ; il en sera encore éloigné de ME ou KG.

Enfin, si B prend chasse suivant BF, au bout d'une heure il sera en F, et B en K ; donc en ouvrant l'angle successivement depuis 90° jusqu'à 180°, on voit que A, dans un même espace de temps au lieu de joindre B comme il le faisait en C, en reste successivement de l'arrière des quantités KH , KC et KE. Ce qui prouve, ce que j'ai avancé, qu'un vaisseau qui prend chasse sous le vent, doit courir à l'aire de vent opposé à celui où il relève le chasseur ; et que cette allure est celle qui rendra la chasse la plus longue possible. J'ai supposé que les vitesses des vaisseaux restaient les mêmes en changeant d'allure ; car le changement qu'elles peuvent éprouver peut être supposé dans le même rapport, ce qui ne change rien au résultat.

La grande différence qui résulte des différens angles sous lesquels on se fait chasser, doit entrer en considéraration avant de choisir, de préférence à toute autre allure, celle où l'on suppose son vaisseau marcher le mieux ; sans avoir égard aux autres circonstances, comme beaucoup d'officiers le font.

Des Positions au vent et sous le vent.

La position du vent offre nombre d'avantages, tels que d'être le maître d'aborder son adversaire, de cacher ses manœuvres par sa fumée, de n'être point incommodé par la fumée de l'ennemi ni par la sienne propre, et d'être bien moins sujet aux accidens du feu, ou encore de pouvoir enfiler son ennemi, malgré lui, si on le juge convenable. Mais, d'un autre côté, s'il vente bon frais et que la mer soit grosse, pour peu que l'on soit obligé de porter de voiles, particulièrement à bord des vaisseaux , la batterie basse sert difficilement : l'eau entrant par les sabords oblige souvent de les fermer ; en outre le pointage devient difficile , et une partie des boulets tombent à la mer. Par là un vaisseau s'obstinant à garder le vent, peut se réduire à combattre une frégate à force égale : on doit donc en ce cas, l'ennemi serrant le vent avec opiniâtreté et faisant du chemin, choisir de préférence la position sous le vent, ayant soin de donner une bonne enfilade en prenant cette position ; quitte à ce que l'ennemi, ayant perdu l'avantage qu'il avait de vous empêcher l'usage d'une partie de vos pièces, voulant profiter des avantages que donne le vent, diminue de voiles tout à coup, et redresse son bâtiment pour combattre avec toutes ses forces.

La position du vent est d'une bien plus grande importance pour une armée que pour un bâtiment seul : c'est ce que nous verrons en parlant des escadres.

Sur les Positions à prendre pour le combat.

Toutes les parties d'un vaisseau ne sont point également garnies d'artillerie, par conséquent ne sont pas également fortes : le gaillard d'avant porte moins de pièces que celui de l'arrière, surtout à bord d'un vaisseau à dunette ; ainsi en prenant position de l'avant par la joue du vaisseau ennemi, on lui rasera bien vite son gaillard d'avant par tout le feu de celui de l'arrière ; en outre, l'avant d'un vaisseau est le lieu où se trouvent toutes les manœuvres les plus essentielles, telles qu'étais, drailles, etc., et toutes les manœuvres du beaupré, dont il se trouvera privé en un instant ; ce qui le mettra hors d'état de manœuvrer, et le fera sans doute démâter. Le gaillard d'avant ennemi est d'autant plus exposé qu'il est beaucoup dominé par le gaillard d'arrière de son adversaire : le vaisseau ainsi placé expose sa mâture d'artimon, bien moins essentielle que celle de misaine ; il expose aussi son gouvernail : mais cette pièce offre si peu de surface que c'est un hasard quand on l'attrape ; d'ailleurs on ne peut combattre sans rien exposer d'utile à la manœuvre du vaisseau.

Si le vaisseau ainsi placé par la joue du vaisseau ennemi est au vent, il doit le serrer de si près qu'il ne puisse envoyer vent devant sans être abordé, et suivre bien exactement ses mouvemens d'arrivée, afin de n'être pas pris en hanche; et aussi, pour faire servir le plus de pièces possible, faire lui-même de temps en temps de petites arrivées.

Quand le vaisseau du vent jugera son adversaire assez dégréé, pour ne pouvoir exécuter une évolution vent devant, il pourra sans danger le doubler par une arrivée subite, l'enfiler de toute sa volée, et venir prendre sous le vent la position qu'il quitte au vent, assez près pour l'empêcher de faire aucune arrivée. La position de la joue serait également bonne à prendre d'abord sous le vent, si on ne pouvait le faire au vent : elles mettent l'une et l'autre à portée d'aborder son ennemi à peu près à volonté; mais il faut une grande attention à suivre tous ses mouvemens, et à les imiter de suite afin de ne pas la perdre ; car il arriverait qu'en la perdant on se ferait enfiler ou prendre en hanche.

Cette position de la joue est de toutes les positions possibles la plus avantageuse, après celles de poupe et de proue ; positions qui ne peuvent être conservées qu'un instant, tandis que celle-ci peut être gardée jusqu'à la fin d'un combat avec le plus grand avantage.

Si un vaisseau B (*fig. 2*), destiné à combattre un vaisseau A qui le chasse, laisse celui-ci s'approcher de lui dans ses eaux à la distance qu'il lui plaira, comme à portée du mousquet, B combattra A avec désavantage ; car A n'aura jusque-là couru d'autres dangers que les avaries que B aura pu lui faire avec ses canons de retraite ; avaries qu'il aura pu lui rendre avec les siens en chasse. Mais une fois parvenu à

cette position , s'il lance sur un bord et sur l'autre, comme
en A, et A′ commençant le premier l'évolution , y étant bien
préparé et avec vivacité, il enverra ses volées au vaisseau B,
presqu'en l'enfilant, toutes ses pièces pouvant servir; tandis
que B , pour donner son feu, obligé de prendre aussi des
positions semblables , aura une partie de ses canons de
l'avant qui ne pourront pointer sur A, et ses boulets prenant A par le travers, ne pourront faire que beaucoup
moins de mal à ce vaisseau qu'il n'en aura reçu de sa volée :
B recevra toujours une bordée diagonale pour en rendre une
de travers à travers.

Si B veut commencer les évolutions d'oloffée et d'arrivée,
il ne peut éviter l'enfilade bien complète et de très-près ; car
s'il prend la position B (*fig.* 3), A arrivera en A′ et l'enfilera
de long en long, soit que B achève ou non son évolution vent
devant; de plus, si voulant la faire, il la manquait, A en A′
ayant soin de mettre sur le mât à temps , lui enverrait plusieurs volées d'enfilade et l'aborderait probablement en poupe.
(La prise de *l'Embuscade* par *la Bayonnaise* est un exemple
de cette manœuvre). S'il l'achevait, A ferait son évolution
après lui et reprendrait encore la même position.

Si B arrivait en B′ (*fig* 4) A prendrait aussitôt la position
B que B′ aurait quittée et l'enfilerait ; puis, suivant l'évolution
de ce vaisseau, reprendrait la même position qu'auparavant.

Dans ces différentes évolutions B s'expose beaucoup plus
que A à être désemparé de son gouvernail, avarie la plus
majeure qu'il puisse recevoir ; de plus, il exécute toutes ses
manœuvres dans les momens où il est le plus incommodé
par le feu de A, conséquemment court grand risque de les
manquer , tandis que A fait toutes les siennes à coup sûr.

B a donc un désavantage bien reconnu à laisser prendre
cette position ; c'est pourquoi il doit l'éviter, si faire se peut;

c'est aussi pourquoi A doit chercher à la prendre : car s'il avait affaire à un faible manœuvrier en B, elle serait encore plus avantageuse que celle de joue. Dans tous les cas, c'est une des meilleures à prendre : elle permet aussi d'aborder l'ennemi presqu'à volonté; mais il a bien plus de moyens d'éviter l'abordage que dans la position de joue.

Le vaisseau B, pour éviter de se trouver dans le cas ci-dessus, doit, quand A est dans ses eaux à quart de portée de canon, virer de bord et tâcher de le doubler au vent, lui envoyer sa volée de très-près, en passant à contre-bord, puis donner vent devant pour prendre la position du vent, ou même arriver lof pour lof, et prendre les eaux de A, si A n'y fait pas attention. Par cette manœuvre, B acquerrait la position que celui-là avait précédemment; c'est ce dont A doit se garder, et pour cela faire, au lieu de prendre directement les eaux de B (s'il est au vent), il doit s'y tenir toujours en approchant ce vaisseau de manière à n'être pas doublé au vent par lui.

B pourrait encore, marquant le désir de passer au vent, en arrivant subitement et à propos, se faire aborder à contre-bord, en plaçant le beaupré de A par son travers. Si B ne pouvait longer A que sous le vent de très-près, il pourrait néanmoins se faire aborder de même en envoyant vent devant; mais si son évolution n'était pas extrêmement précise, il aborderait lui-même A, en plaçant son propre beaupré par les travers de ce vaisseau, ou il se ferait enfiler, si A avait le temps de faire son arrivée.

Si A se trouvait au vent de B avec l'avantage de la marche, il serait impossible à celui-ci d'empêcher A de prendre la position qu'il voudrait, ni de se dispenser de recevoir une volée d'enfilade, si ce dernier jugeait à propos de perdre à ce prix la position du vent.

La position de travers ne doit être recherchée que quand on ne peut mieux faire. Pour deux vaisseaux d'égale force, elle donne les chances égales de part et d'autre, et c'est en armée presque la seule manière dont on puisse combattre ; mais quand deux vaisseaux engagent un combat singulier, chaque capitaine doit tâcher d'augmenter sa force, et prendre une supériorité sur son adversaire, en profitant de toutes les circonstances possibles pour s'emparer d'une position dans laquelle il lui fasse plus de mal qu'il ne peut en recevoir. L'habileté à prendre cette position avantageuse a presque toujours décidé en peu de temps le sort des combats singuliers ; on a vu très-souvent un manœuvrier hardi se débarrasser et même vaincre un bâtiment d'une force supérieure au sien, par sa précision et ses manœuvres bien combinées.

L'état du temps et de la mer doit guider le manœuvrier dans la position à prendre pour combattre, quand il est le maître de la choisir ; les dispositions que montre l'ennemi, et sa force, doivent aussi aider à l'y déterminer.

De l'Abordage.

Toutes les fois qu'il est possible de donner l'abordage, il doit toujours être tenté, surtout par la nation française, qui, de toutes les nations, est celle qui se sert le mieux de l'arme blanche, et dont la bouillante intrépidité est la plus propre à cette espèce de combat.

De toutes les positions à prendre, quand on veut donner l'abordage, celle de la joue, soit au vent, soit sous le vent, est celle qui donne le plus de certitude dans l'exécution de cette manœuvre, et qui permet de le faire avec tout l'avantage possible, en plaçant le beaupré du vaisseau abordé dans les grands haubans, ou dans ceux de misaine de l'abordeur.

L'abordage par la hanche est, après celle-ci, la meilleure

manière; mais elle est plus difficile, en ce que le vaisseau abordé a beaucoup plus de facilité à manœuvrer pour parer l'abordage. En outre, la partie de l'arrière étant plus garnie d'artillerie que celle de l'avant, est bien plus meurtrière pour les abordeurs et plus difficile à faire abandonner; puis les abordeurs sont bien moins soutenus que quand une partie des canons de leur vaisseau enfile de long en long le vaisseau abordé, et porte le désordre dans toutes ses parties. De plus, la rentrée des vaisseaux présente plus de difficulté aux hommes pour franchir l'espace qui les sépare.

L'abordage en poupe est aussi très-bon; mais si le vaisseau abordé n'a rien qui l'empêche de manœuvrer, pouvant faire agir ses voiles dans un sens bien différent de celui où agissent celles de l'abordeur, il est presqu'impossible de saisir assez long-temps les deux bâtimens pour effectuer l'abordage. Si cependant le vaisseau abordé l'était au moment où il viendrait de manquer une évolution vent devant, il pourrait réussir pleinement.

L'abordage de long en long a selon moi plus d'avantage pour le vaisseau abordé que pour l'abordeur; la rentrée des vaisseaux est d'abord une grande difficulté à vaincre, et si l'abordé sait bien ménager son feu de manière à avoir sa batterie haute ou ses gaillards prêts à faire feu au moment où l'abordage est ordonné, il détruira certainement presque tous les assaillans par sa mitraille: d'ailleurs l'abordé n'ayant aucun désavantage marqué sur l'abordeur, défendra son pont avec bien plus de facilité et de forces réunies, que l'abordeur ne pourra l'attaquer: car un seul homme de pied ferme peut aisément en empêcher deux ou trois de monter à son bord; ainsi donc cet abordage ne doit être tenté avec l'espoir du succès qu'après avoir fait évacuer totalement les gaillards ennemis.

3

Pour attendre tout le succès possible d'un abordage, il faut préalablement avoir fait abandonner à l'ennemi la partie de son vaisseau vers laquelle on dirige les abordeurs, ou au moins l'avoir tellement affaiblie que l'on ne doive plus attendre qu'une faible résistance.

La supériorité du feu ou de la position de l'abordeur remplit ordinairement ce but; pour y parvenir plus promptement, j'indiquerai ici un moyen bien connu de beaucoup de marins, quoiqu'il n'ait été mis en usage que par peu d'eux, et qui a parfaitement réussi à ceux qui s'en sont servi : c'est d'avoir à bord des bombes d'un poids moyen, lesquelles se hissent au bout des vergues ou des bouts-dehors, et s'envoient sur le vaisseau abordé en les lançant de dessous les hunes, et au moyen d'un cartaheu qui se dépasse et suit la bombe.

Une seule bombe bien dirigée suffit pour dégarnir tout un gaillard et frayer un passage aux abordeurs. Ce moyen n'a été jusqu'à présent employé que par des corsaires, et les succès qu'il a obtenus promettent une parfaite réussite à bord des vaisseaux de guerre.

M. Bourdet a parfaitement démontré toutes les manœuvres à faire, tant pour donner que pour éviter l'abordage ; ainsi je renvoie à lui ceux qui auraient besoin de plus de clarté à ce sujet.

Du Plus-près.

On a choisi l'allure du plus-près pour combattre, tant dans les combats singuliers que dans ceux en armée, parce que cette position est le centre de tous les mouvemens d'un vaisseau, et le point duquel il peut, au gré de son manœuvrier, prendre toutes les directions dont il est susceptible. Plus il s'éloigne de ce point, plus il perd de ses propriétés, par conséquent aussi plus il perd de moyens de défense. Quand on va attaquer un bâtiment, on est obligé de prendre l'allure qu'il tient, afin de le joindre ; mais quand on en attend un autre, on doit faire prendre d'avance à son vaisseau la position où il offre le plus de ressource : or comme celle du plus près est le point central de toutes les évolutions, elle a été justement choisie : de toutes les allures, la dernière à prendre est celle du vent arrière quand on a l'ennemi derrière soi ; car on conçoit facilement qu'il donnera toutes ses volées dans une direction diagonale de hanche à joue, ou d'enfilade parfaite en lançant d'un bord sur l'autre.

DEUXIÈME SECTION.

DES VAISSEAUX EN ESCADRE.

Cette section contient d'abord les principes généraux desquels on ne doit jamais départir pour manœuvrer et faire combattre une armée navale avec succès ; ensuite un certain nombre de plans d'évolutions de guerre suivant les mêmes principes.

CHAPITRE PREMIER.

De la Guerre sur mer.

La guerre sur mer a bien peu de rapport avec celle que l'on fait sur terre; quoique dans certains cas les armées de terre et de mer puissent en même temps concourir à une même victoire.

L'art de combattre sur mer offre bien moins de ressources aux généraux qui en sont chargés que n'en offre la guerre sur terre. A terre, chaque changement de terrain, chaque position différente fournit au génie du général de nouvelles combinaisons, de nouveaux moyens d'attaque ou de défense ; à la mer, un horizon nu et plan (considéré grossièrement) dévoile de suite aux deux armées destinées à se combattre leurs forces et leurs dispositions réciproques ; des bâtimens légers se sont bientôt assurés de part et d'autre de la moindre particularité, concernant non-seulement la quantité des forces ennemies, mais encore de leur état. Dès le moment que deux escadres ont connaissance l'une de l'autre, elles sont obligées de manœuvrer face à face, sans pouvoir se servir d'aucune ruse pour cacher leurs desseins; car le moindre mouvement a bientôt dévoilé au marin habile ce que son ennemi veut et peut faire.

Un général de mer ne peut tromper son ennemi que par une grande supériorité d'expérience et de jugement, pour saisir les occasions favorables que peut lui présenter l'état du temps et de la mer.

La grande habileté d'un amiral gît particulièrement dans le choix de l'ordre convenable pour amener en même temps la totalité de ses vaisseaux contre une partie seulement de ceux ennemis : ce qui ne laisse pas que d'être très-difficile : l'ennemi voyant de ses propres yeux toutes les manœuvres qui tendent à ce but, il est aussi à même d'en exécuter sur-le-champ d'autres qui les contrarient. Cependant les obstacles que les vents opposent aux uns, et les facilités qu'ils donnent aux autres peuvent faire obtenir cet avantage à l'une des deux escadres quoiqu'également bien commandées. L'amiral de Suffrein, a obtenu de semblables succès contre les Anglais en diverses occasions, notamment contre l'amiral Hugues, devant Trinquemale, le 12 avril 1782.

Cependant, il ne résulte pas de ce que cet avantage puisse être obtenu au commencement d'une action, qu'il doive avoir lieu toute sa durée; car il est certain que les vaisseaux qui auront été dans l'impuissance de donner au commencement, s'ils manœuvrent avec intelligence, comme on doit toujours le supposer, rallieront bientôt leurs camarades, à moins de circonstances de vent comme dans le combat de M. de Suffrein, cité plus haut. Quoi qu'il en soit, c'est toujours un grand pas vers la victoire que d'annuler pour un temps une partie des forces ennemies ; car la partie attaquée l'étant par un nombre bien supérieur, ne tardera pas à être tellement maltraitée qu'elle ne sera plus que d'un faible secours à celle qui arrive la dernière sur le champ de bataille, tandis que l'armée adverse, ayant nécessairement essuyé beaucoup moins de dommages, reste encore en état de vaincre ces derniers arrivant.

Les Anglais ont long-temps et vainement cherché des combinaisons qui leur donnassent cet avantage d'attaquer une partie avec le tout, et ils ont été très-étonnés de les voir trouver par leurs rivaux qu'ils prennent tant de soin de déprécier, quoiqu'ils soient forcés d'avouer qu'ils ont (ou avaient) plus de talens et plus d'habileté dans l'art de manier des escadres.

Les Anglais ont aussi et cherchent encore le moyen d'amener au feu une escadre, sans s'exposer à une longue canonnade, qu'ils ne peuvent rendre avant d'être formés sur la ligne de combat. (Il en a coûté la tête à leur amiral Byng, pour ne l'avoir pas trouvé sans que ses successeurs aient été plus avisés.) Le moyen n'est pas introuvable quand les deux armées veulent déterminément se joindre ; mais il est inexécutable quand l'une des deux s'obstine à ne pas dispenser l'autre de ce prélude si avantageux pour celle qui reçoit l'attaque.

Dans la rencontre de deux armées, l'une est toujours au vent et l'autre sous le vent. Les moyens de se joindre ou de s'éviter sont constamment les mêmes, et les manières d'en venir à une action, ne sont qu'en très-petit nombre, lesquelles peuvent toutes être trouvées et combinées d'avance, en faisant l'application des évolutions dont les escadres sont reconnues susceptibles, à toutes les espèces d'attaques et de défenses que l'on peut imaginer.

Les différentes manières d'amener au combat une armée navale, avec les précautions nécessaires à sa sûreté, étant déterminées et détaillées dans toutes leurs circonstances, il reste à l'officier qui la commande à faire avec sagacité l'application des principes connus, qui, pour être faite à propos, demande de sa part d'être bien versé dans les évolutions navales, d'avoir un jugement sain, un coup d'œil exercé, d'être ferme dans ses résolutions (car l'hésitation dans un amiral est un plus grand défaut que le manque de talent); d'avoir confiance en lui-même et dans les soins qu'il doit avoir pris pour que tous ses vaisseaux soient dans le meilleur état de défense possible ; enfin, qu'il possède une grande intrépidité et beaucoup de bonheur ; cette dernière qualité, peut-être la plus grande de toutes, n'appartient qu'à certains êtres, sans qu'on puisse en définir la cause ; souvent elle a rendu célèbres des hommes qui, vus de près, n'eussent inspiré aucune confiance.

De l'Ordre sur trois colonnes.

Tenir ses forces réunies, et toujours prêtes à agir de concert et sans confusion, est un point capital dans les opérations navales ; on doit donc rechercher avec soin l'ordre qui donne cet avantage.

L'ordre de marche sur trois colonnes a été justement considéré comme le plus propre à remplir le but proposé ; mais cet ordre, qui n'a encore été assigné qu'aux escadres navigantes hors de vue de l'ennemi, pourrait cependant être conservé avec avantage jusqu'au moment d'engager, c'est-à-dire, jusqu'à portée et demi, ou deux portées de canon, soit que l'on chasse, ou que l'on soit chassé : car, de là, on peut passer avec promptitude à tel ordre d'attaque ou de défense nécessaire.

Dans les chasses, ou retraites en ordre de bataille, les vaisseaux de la tête ou de la queue sont exposés à combattre long-temps avant que la queue ou la tête puissent leur porter secours; au lieu que si l'armée était formée sur trois colonnes, elle pourrait, à la volonté de son chef, déployer toutes ses forces, sur partie, ou totalité de celles attaquantes; de même dans la chasse, cet ordre donne l'avantage de doubler l'ennemi au vent tout à la fois, ou de diriger sur tel ou tel point la totalité de l'armée attaquante.

Cet ordre n'empêche pas de former des détachemens de vaisseaux bon voiliers pour harceler l'escadre fuyante, qui, si elle engage avec, sera assaillie par la totalité de celle chassante.

Les vaisseaux les plus lourds sont souvent les plus forts, et aussi les plus utiles au succès d'une action. Il est donc urgent de les amener au feu de concert avec le reste de l'armée.

Toutes ces considérations m'engagent à proposer les neuf articles suivans d'évolutions sur trois colonnes, comme devant être ajoutés à ceux contenus dans la tactique généralement en usage dans la marine française.

ARTICLE PREMIER.

Passer de l'ordre actuel de trois colonnes au plus près du vent, tribord à l'échiquier, sur trois colonnes bâbord. (fig. 5.)

Les trois colonnes vireront en même temps vent devant ou vent arrière. Les vaisseaux de chacune d'elles auront soin de se relever entr'eux sur la ligne du plus près tribord aux nouvelles amures.

Les chefs de file et les serre-file des colonnes du vent, et de dessous le vent feront attention de relever aux mêmes airs de vent qu'aux premières amures, le chef et le serre-file de la colonne du centre, afin de conserver les distances ; ce que les vaisseaux de la colonne du centre auront soin de garder entr'eux.

ARTICLE II.

Passer de l'ordre actuel de trois colonnes bâbord à l'échiquier tribord. (*fig.* 6).

Les trois colonnes vireront en même temps vent devant ou vent arrière, les vaisseaux de chacune d'elles auront soin de se conserver sur la ligne du plus-près bâbord.

Les chefs de file et les serre-file des colonnes du vent et de dessous le vent feront attention de relever aux mêmes airs de vent qu'aux premières amures, le chef et le serre-file de la colonne du centre, afin de conserver les distances ; ce que les vaisseaux de la colonne du centre auront soin de garder entr'eux.

ARTICLE III.

Passer de l'échiquier actuel sur trois colonnes au plus près du vent, à l'ordre de bataille du même bord que les amures, la colonne du vent faisant l'avant-garde et se formant sur elle. (*fig.* 7.)

Le vaisseau n°. 1, chef de file de la colonne du vent, continuera sa route au plus près. Les vaisseaux n°. 2 et 3 de sa colonne laisseront porter de quatre quarts, et viendront prendre ses eaux par un mouvement successif.

La colonne du centre virera de bord toute à la fois ; le vaisseau n°. 4 se trouvant le seul de sa colonne sous le vent de la ligne de bataille, forcera de voile jusqu'à ce qu'il en ait atteint les eaux, ce qu'il fera connaître aux autres vaisseaux de sa colonne par un coup de canon, lequel sera l'ordre de revirer. Après avoir viré, il tiendra le vent, en forçant de

4

voile pour atteindre le serre-file de la colonne du vent. Les vaisseaux n°. 5 et 6 portant quatre quarts largue, viendront successivement prendre les eaux de leur chef de file.

La colonne sous le vent manœuvrera de la même manière que celle du centre, pour prendre son poste à l'arrière-garde.

La colonne du vent fera petite voile pour attendre les deux autres.

ARTICLE IV.

Passer de l'ordre actuel de trois colonnes en échiquier à l'ordre de bataille du même bord que les amures, en se formant sur la colonne du centre; la colonne du vent faisant l'avant-garde. (*fig.* 8.)

La colonne du vent arrivera ensemble de quatre quarts; le n°. 1, son chef de file, tiendra le plus-près en forçant de voile; quand il aura amené dans la ligne du plus-près le n°. 4, chef de file de la colonne du centre, il sera suivi par un mouvement successif des vaisseaux de sa colonne.

La colonne du centre mettra en panne jusqu'à ce que son chef de file puisse suivre de près le serre-file de la colonne du vent dans la ligne de bataille; alors il fera servir, et sera suivi successivement des vaisseaux de sa colonne, qui viendront prendre ses eaux, en faisant porter de quatre quarts. La colonne sous le vent virera vent devant pour faire atteindre à son chef de file, le n°. 7, les eaux de la ligne. Ce vaisseau avertira par un coup de canon quand il sera dans cette position, revirera, tiendra le vent en forçant de voiles, et les vaisseaux de sa colonne qui auront reviré en même temps viendront successivement prendre ses eaux en larguant de quatre quarts.

ARTICLE V.

Passer de l'ordre actuel de trois colonnes en échiquier à l'ordre de bataille
du même bord que les amures, se formant sur la colonne sous le vent ;
celle du vent faisant l'avant-garde. (*fig.* 9.)

La colonne du vent fera porter ensemble de quatre quarts ;
son chef de file tiendra le plus-près, quand il aura amené dans
cette ligne le chef de file de la colonne sous le vent, et sera
suivi par un mouvement successif des vaisseaux de sa
colonne.

La colonne du centre arrivera tout à la fois de quatre
quarts faisant moins de voiles que celle du vent. Quand le
chef de file de cette colonne aura amené dans la ligne du plus-
près celui de la colonne sous le vent, il tiendra le vent pour
prendre son poste après le serre-file de la colonne du vent,
et sera suivi successivement par les vaisseaux de sa colonne.

La colonne sous le vent mettra en panne jusqu'à ce que
son chef de file puisse, en faisant servir, suivre de près le
serre-file de la colonne du centre, et les vaisseaux de sa
colonne le suivront successivement en larguant de quatre
quarts.

Nota. Cette manière de former la ligne de bataille est
plus convenable que les précédentes, par la simplicité de ses
manœuvres, ne faisant d'ailleurs perdre que peu au vent.

ARTICLE VI.

Passer de l'ordre actuel d'échiquier sur trois colonnes à l'ordre de bataille
du même bord que les amures ; la colonne sous le vent faisant l'avant-
garde. (*fig.* 10.)

Les colonnes du vent et du centre mettront en panne,
le chef de file de la colonne sous le vent continuera sa route

sous toutes voiles, et sera suivi des vaisseaux de sa colonne qui viendront successivement prendre ses eaux en larguant de quatre quarts.

La colonne du centre éventera aussitôt que son chef de file pourra suivre de près le serre-file de la colonne sous le vent, et prendre ses eaux dans la ligne de bataille, les vaisseaux de sa colonne suivront, en larguant comme lui de quatre quarts, jusque dans les eaux de la ligne.

La colonne du vent manœuvrera par rapport à celle du centre, comme celle-ci a fait pour celle sous le vent.

ARTICLE VII.

Passer de l'ordre actuel d'échiquier sur trois colonnes à l'ordre de front, en parcourant la perpendiculaire du vent; la colonne du vent faisant l'avant-garde. (*fig. 7.*)

Les colonnes du centre et de dessous le vent mettront en panne; la colonne du vent arrivera tout à la fois de quatre quarts, forçant de voiles; son chef de file courra sur la perpendiculaire du vent, quand il aura amené dans ce relèvement le chef de file de la colonne sous le vent, les vaisseaux de sa colonne imiteront sa manœuvre.

La colonne du centre éventera et courra largue de quatre quarts, lorsque le serre-file de la colonne du vent sera par le travers de son chef de file. Tous les vaisseaux de cette colonne viendront successivement prendre les eaux de la ligne.

Le chef de file de la colonne sous le vent éventera, quand le serre-file de la colonne du centre sera par son travers; il courra sur la perpendiculaire du vent, et les vaisseaux de sa colonne prendront successivement ses eaux, en courant largue de quatre quarts, après quoi on rectifiera les distances.

ARTICLE VIII.

Passer de l'ordre actuel d'échiquier sur trois colonnes à l'ordre de front, du même bord que les amures ; la colonne sous le vent faisant l'avant-garde. (*fig.* 12.)

Les colonnes du vent et du centre mettront en panne sous le petit hunier, afin d'être prêtes à arriver.

Le chef de file de la colonne sous le vent mettra de suite le cap sur la perpendiculaire du vent, forcera de voiles, et sera suivi par les vaisseaux de sa colonne qui prendront ses eaux en larguant de quatre quarts.

La colonne du centre arrivera vent arrière tout à la fois lorsque le serre-file de la colonne sous le vent sera prêt à dépasser son chef de file ; chaque vaisseau forcera de voiles selon le chemin qu'il aura à parcourir pour prendre les eaux de la ligne, ce qu'ils feront à mesure qu'ils y arriveront.

La colonne du vent arrivera aussi vent arrière, lorsque les vaisseaux de celle du centre seront rangés sur la perpendiculaire du vent, et viendra comme elle se ranger sur la ligne de front.

ARTICLE IX.

Passer de l'ordre actuel d'échiquier sur trois colonnes à l'ordre simple de trois colonnes du même bord que les amures. (*fig.* 13.)

Le chef de file de la colonne du vent continuera sa route au plus-près ; les vaisseaux de sa colonne prendront ses eaux en larguant de quatre quarts.

Les chefs de file des colonnes du centre, et de dessous le vent, courront largue de deux quarts, jusqu'à ce qu'ils aient atteint le travers du chef de file de la colonne du vent. Ces vaisseaux seront suivis successivement des vaisseaux de leur colonne, et forceront de voiles à proportion du chemin qu'ils auront à parcourir.

Sur les avantages du Vent.

On discute encore sur l'avantage de combattre au vent ou sous le vent ; cependant la position du vent est incontestablement plus avantageuse que celle de dessous le vent.

1°. L'armée du vent est la maîtresse de combattre ou non ; 2°, de donner l'attaque ou de la recevoir ; 3°. de choisir le moment, la distance et l'ordre dans lequel elle veut se battre ; tandis que celle sous le vent est obligée de se soumettre à toutes ces conditions, elle a de plus l'extrême difficulté d'amener en même temps ses forces réunies en face d'un ennemi bien disposé.

On objectera peut-être, 1°. que le combat une fois engagé, les vaisseaux avariés de l'armée du vent tomberont infailliblement parmi celle sous le vent, y seront en danger, et dérangeront l'ordre de leur ligne ; tandis que ceux de celle sous le vent pourront se retirer du feu, et être secourus par leurs frégates.

2°. Que si le vent est frais, l'armée sous le vent faisant servir, forcera celle du vent à porter beaucoup de voiles, et que l'inclinaison des vaisseaux gênera le service de l'artillerie.

Je répondrai à ces deux points principaux : d'abord, que si les deux armées se battent à moyenne distance, quand celle du vent aura quelques vaisseaux désemparés, elle serrera l'autre de plus près au feu, afin de les mettre au vent où ils seront secourus par les frégates. Si les deux armées combattent de très-près, comme cela doit se pratiquer, l'une et l'autre auront bientôt un certain nombre de vaisseaux démâtés, qui dérangeront leur ordre réciproque. Supposant que les matelots de l'arrière de ceux avariés dans celle du vent ne puissent les doubler au vent (ce qu'ils ne doivent pas faire non plus), ils serreront leurs matelots ennemis vergue à vergue, s'il le faut; et passeront ensemble sous le vent; mouvement que seront obligées de suivre les deux lignes. D'ailleurs deux armées d'égale force combattant avec un égal désir de vaincre ont bientôt tant d'avaries, qu'aucune des deux ne tient exactement le plus près; leur route prend successivement du largue, les vaisseaux démâtés restent comme stagnans, et sont doublés sous le vent.

Si l'espace entre deux armées, quoique étroit, était tel qu'un des vaisseaux avariés du vent tombât entre les deux lignes et fût doublé par son escadre, il irait mettre le désordre parmi celle sous le vent; il souffrirait beaucoup, il est vrai, mais il ne serait pas encore perdu; car fût-il même obligé d'amener, tous les vaisseaux démâtés appartenans nécessairement à l'armée victorieuse, il n'y a aucune raison pour qu'il ne soit pas repris par les siens à l'issue de la bataille.

3°. Quant au service de l'artillerie, je répondrai que tous les vaisseaux d'une armée n'étant pas également bons voiliers, les deux escadres sont obligées d'avoir une voilure moyenne; de plus, deux armées ne se battent point à corps de voiles; car, si cela avait lieu, les démâtages seraient trop fréquens, et l'armée sous le vent, forcée de porter beaucoup plus de voiles que celle du vent qui l'abrite, serait exposée à de trop grands accidens de la part du feu; importunité bien pire que toutes les autres. Ainsi comme deux armées se battent ordinairement sous les huniers, il faudrait qu'il ventât bien fort pour que les vaisseaux reçussent une inclinaison capable de faire fermer leurs batteries basses. (Autrement ce ne serait nullement un temps convenable pour donner bataille.)

Je ne prétends pas prouver que la position du vent emporte avec elle tous les avantages sans en laisser aucun à celle sous le vent; mais seulement qu'elle donne une si grande supériorité sur cette dernière, qu'il serait malaisé de ne pas la prendre quand il est possible, ou de ne pas la conserver quand on l'a.

Des Combats à contre-bord.

Cette manière de combattre n'est guère usitée que dans certains cas, où l'une des armées, peu soucieuse de perdre au vent, a un autre but que celui de livrer bataille. Ces combats ne sont ordinairement ni dangereux ni meurtriers. L'une des armées défilant à dix quarts, elles se dépassent l'une et l'autre sans que le résultat puisse rien opérer en faveur d'aucune; car pour peu qu'il fasse une jolie brise, chaque vaisseau reçoit au plus une volée sur trois vaisseaux qu'il dépasse.

Si le prolongement des deux lignes se faisait de très-près, il pourrait être désavantageux pour celle de dessous le vent, si c'était elle qui défilât sur le largue; car quelques vaisseaux de sa queue pourraient être coupés par la tête de celle du vent, sans qu'ils puissent être secourus de long-temps par leur escadre, qui se trouverait en totalité sous le vent. Elle aurait bien la même facilité, par un mouvement de contre-marche, de couper quelques vaisseaux de la queue de celle du vent; mais cette dernière, par un mouvement général d'arrivée, la recouperait à son tour, et les suites de cet engagement amèneraient un combat décisif, dont les plus grandes chances seraient en faveur de l'armée du vent.

Danger d'engager une canonnade particulière ou générale quand on n'a pas l'intention de combattre sérieusement.

Le vent, moteur principal de toutes nos opérations, ne permet point aux vaisseaux d'être conduits dans tous les sens, ni même dans les routes qu'un même vent permet à un vaisseau de parcourir, de le faire avec un degré de vitesse proportionné à la circonstance, ni qui puisse être calculé d'avance. Les armées navales n'ont donc pas, comme celles de terre, la faculté d'escarmoucher ni de faire de fausses attaques, par la grande difficulté de rallier des forces détachées, surtout sous le vent

Le danger d'un seul vaisseau force très-souvent à un engagement général; à moins qu'il n'appartienne à une armée si faible qu'elle doive préférer de le perdre plutôt que d'exposer le tout. De deux armées égales en forces, si l'une a un grand intérêt de ne pas livrer combat pour le moment, il lui serait très-impolitique, fût-elle au vent, de commencer une canonnade sans avoir un but d'utilité; car à l'instant où elle croirait pouvoir quitter le feu à volonté, les avaries de l'un ou de plusieurs de ses vaisseaux pourraient la forcer à garder le champ de bataille, plus long-temps que ses intérêts ne le permettraient, et un changement de vent pourrait ensuite la mettre dans la position inverse de celle où elle se trouve.

Ce changement de vent est un événement à peu près certain; au moins doit-on compter sur un calme de plusieurs heures après une canonnade un peu vive de la part de deux escadres. (Ceci est fondé sur des principes physiques bien connus et inutiles à placer ici.) Il est donc plus à propos de conserver toutes ses forces réunies en bon état, pour les employer avec plus de fruit.

Mélée navale.

La suite d'une action décisive entre deux escadres, doit nécessairement amener un dérangement total dans l'ordre de chacune d'elles. Les vaisseaux qui ont le plus tôt expédié leur matelot ennemi, devant se porter au secours de leurs plus proches voisins, il en résulte un nombre de petits combats particuliers qui arrêtent la marche totale des armées ; car quand même les vaisseaux de tête auraient fait plier ou vaincu ceux qui leur étaient opposés, tant que leurs camarades sont engagés, ils doivent manœuvrer pour combattre d'une manière quelconque : nulle force ne devant être inactive dans une action, tant qu'elle peut se mouvoir ; et un capitaine peut être toujours certain qu'il est à son poste quand il combat, hors la sottise d'aller se mêler parmi des forces trop supérieures sans aucun but, ou contre des ordres reçus ; mais, au reste, quand un amiral ne peut faire parvenir ses signaux à toute sa ligne, le devoir de tous ses vaisseaux est de combattre sans relâche.

Dans une action décisive, tout vaisseau ennemi démâté doit être regardé comme pris ; on ne doit lui porter aucune attention, et celui qui l'a mis dans cet état doit l'abandonner, qu'il amène ou non ses couleurs, et en aller attaquer un autre de préférence, qui soit déjà engagé, afin qu'il soit plus tôt réduit ; suivant toujours ce grand principe, de se mettre plusieurs sur un même, afin de battre partiellement. Quelque braves que soient les capitaines des vaisseaux démâtés, ils sont la proie du vainqueur sans qu'ils puissent s'y opposer. Ainsi il est inutile de s'acharner à les réduire quand ils seront obligés de se rendre d'eux-mêmes, sans coûter plus de sang.

Comme on doit supposer que deux armées qui combattent, manœuvrent également bien, on doit aussi supposer que les vaisseaux se mêleront à la fin, peut-être même dès le commencement, selon le genre d'attaque, sans que cela soit un préjudice contre l'une ni l'autre ; car, de part et d'autre, les forces auront dû se partager de manière à être partout également opposées. Ainsi une mêlée de vaisseaux n'est pas plus à craindre qu'elle ne l'est dans une armée de terre ; la seule différence, c'est que le son de la retraite peut faire cesser une mêlée de cavalerie ou d'infanterie, tandis qu'en mer on ne peut abandonner le champ de bataille que quand il n'y a plus d'ennemis à combattre ou qu'on ne peut plus se battre.

Des Combats inégaux.

Rencontrer une armée tellement supérieure qu'il soit impossible de rien espérer d'un combat; par exemple, de dix contre cinq, est, selon moi, la position la plus affreuse où puisse se trouver un général. Si l'armée la plus forte marche le mieux ou généralement mieux, ou si elle est plus favorisée par les vents, l'inférieure doit être jointe et détruite, parce qu'un détachement des meilleurs voiliers ira d'avance l'engager, en attendant que le reste vienne l'achever. C'est, je crois, alors que l'on doit tout à l'honneur de sa nation et rien à ses intérêts; il faut, au prix de flots de sang, et avec une intrépidité sans égale, acheter une défaite glorieuse.

Aucune bonne manœuvre, à moins d'une marche supérieure ou de vents plus favorables, ne peut faire éviter une telle catastrophe; il faut se venger d'avance, sur les premiers vaisseaux ennemis à portée, du mal que feront ceux qui les suivent.

De la Chasse et de la Retraite des Escadres.

Les escadres, quoique composées d'autant de parties qu'elles contiennent de vaisseaux, peuvent être considérées seule à seule comme un tout; car chacune de ses parties est assujétie aux mêmes lois physiques et mathématiques, fait ses évolutions exactement de la même manière que les autres parties, et toutes peuvent agir dans le même temps. On peut donc considérer une escadre comme un seul vaisseau; d'où il suit que soit qu'une escadre en chasse une autre ou qu'elle en soit chassée, elle doit suivre les mêmes principes qu'un seul vaisseau chasseur ou chassé, ayant soin d'être établie dans l'ordre le plus convenable à la circonstance.

L'ordre de trois colonnes jusqu'à certaine distance de l'ennemi, paraît très-convenable, en ce qu'il réunit à l'avantage de pouvoir être conservé sur toutes les allures, celui de maintenir toutes les parties d'une escadre p· ·· · agir de concert, en se formant avec facilité sur tel ou ·el ordre de combat convenable. Cet ordre serait particulièrement avantageux à une escadre sous le vent qui en chasserait une autre au vent, parce que, si elle était d'une marche supérieure, elle la doublerait au vent tout à la fois en occupant le moins d'espace possible. Elle ne courrait pas le risque d'être coupée, si, dans le bord qui la mettrait au vent, elle était obligée de passer près de la tête ennemie formée ·· ·· · · · opposé; car il serait très-imprudent à cette der·. · ngager sa tête parmi trois colonnes qui seraient teu· · ·rrées que la première seulement serait déjà très-diffic· · a couper. En supposant qu'elle le fût, les vaisseaux de queue de cette colonne ne tarderaient pas à le rendre à l'avant-garde ennemie, en laissant porter, pour forcer le passage, de sorte que les vaisseaux qui auraient traversé la première colonne, se trouveraient sans secours, entre deux colonnes ennemies qui les auraient sans doute bientôt mis hors de combat, événement qui affaiblirait d'autant leur armée.

Sans supériorité de marche, un changement de vent peut mettre à même d'engager beaucoup plus tôt qu'on n'avait lieu de l'espérer; alors, supposant même qu'il mît pour le moment le désordre dans les deux armées, il serait toujours très-avantageux d'avoir ses vaisseaux réunis pour les déployer de suite en totalité sur une partie de l'armée opposée, laquelle serait d'autant plus long-temps en désordre qu'elle serait plus disséminée.

L'ordre de trois colonnes serait également très-convenable à l'armée du vent, chassant celle sous le vent, si celle-ci était formée sur tout autre ordre que celui de bataille ou de marche sur ce même ordre; car il donnerait la facilité de couper, de mettre entre deux feux, et d'entourer la partie de l'armée chassée sur laquelle se dirigerait l'attaque.

Au reste, on peut le changer à volonté en tout autre ordre, sans pour cela retarder la marche de l'armée.

Du danger de manœuvrer sous le feu de l'ennemi.

Quand on a l'intention de combattre sérieusement, il est mal calculé de ne pas s'établir d'avance et hors de portée de canon sur l'ordre dans lequel on veut combattre, parce que les mouvemens des vaisseaux dépendent d'un nombre infini de machines, dont une grande partie sont indispensables, chacune en particulier, pour régler les mouvemens du tout. Il arrive que la perte inévitable de beaucoup de ces machines, après quelques volées, empêche plusieurs vaisseaux d'exécuter la manœuvre ordonnée, dérange alors l'ordre de l'armée et les combinaisons du général; il est donc sage de n'avoir à exécuter en pareil cas que des évolutions très-simples, telles qu'un changement de route, une olofée ou une arrivée; mais surtout éviter les viremens de bord, car ils sont pernicieux dans cette circonstance.

Sur la possibilité de couper une Ligne de vaisseaux.

Il est facile de démontrer qu'une ligne de vaisseaux sous voile, peut toujours être coupée, quelques efforts qu'elle fasse pour l'empêcher; car dans cette position, les vaisseaux sont des corps mobiles susceptibles d'obéir à tout choc suffisant pour leur faire changer de situation. Or, quand un vaisseau est abordé par un autre, soit de l'avant, soit de l'arrière, l'impulsion qu'il reçoit détruisant l'équilibre établi entre ses voiles et son gouvernail, il est forcé de changer de direction, et d'obéir à la force majeure qui tend à le mouvoir; donc ce vaisseau arrivera ou viendra du lof, et cessera d'occuper exactement l'espace direct qui lui était assigné dans la ligne. Si à ce moment le vaisseau abordeur est suivi de près par un autre, ce dernier trouvera un vide et traversera. Il ne faut pas conclure de là qu'une colonne entière traverserait avec la même facilité; car le matelot de l'arrière du vaisseau coupé, peut à son tour couper cette colonne défilante sitôt le passage du premier vaisseau, et obstruer sa marche avec d'autant plus de succès, que pour traverser une ligne ennemie, il faut arriver dessus avec grand air et du vent dans les voiles. Or, une colonne dans cette position venant à trouver son passage obstrué, les vaisseaux, pour éviter de s'aborder les uns les autres, sont obligés de changer de direction, et de faire manquer le but proposé; au lieu que l'armée formée en ligne au plus près du vent, se trouvant arrêtée dans l'une de ses parties, n'a besoin que de mettre en panne un moment pour attendre que les vaisseaux de tête de ceux coupés, recoupant à leur tour, rétablissent la marche générale. Une ligne de vaisseaux peut certainement être traversée par quelques vaisseaux; mais il serait absurde de croire qu'elle le fût par tel nombre que l'on voudrait, ni qu'elle fût pour cela mise dans un désordre complet. (On verra par la suite qu'il pourrait en arriver tout le contraire).

Canonner aussitôt que possible.

Le premier désordre dans une armée vient des vaisseaux dégréés; or il est avantageux de faire éprouver ce contre-temps à son ennemi le premier: on ne doit donc pas craindre d'user les munitions dès que le boulet peut atteindre, car il ne lui faut que peu de force pour couper des manœuvres principales, telles qu'étais, drisses, écoutes, etc., ou même pour couper un mât de hune, accidens qui mettent souvent un vaisseau hors de pouvoir tenir son poste.

Il faut donc, dans toutes les circonstances, canonner l'ennemi d'aussi loin qu'on le peut atteindre, afin de l'avarier le premier : ceci peut encore avoir un autre avantage, celui d'accoutumer d'avance les équipages au bruit du canon, et de détourner leur esprit des pensées intérieures dont l'homme ne peut se défendre à l'approche d'une scène aussi tragique que celle d'un combat naval.

De la Disposition des forces dans une armée.

Pour que la disposition des vaisseaux soit la meilleure possible, les trois escadres composant une armée doivent être à peu près d'égales forces, afin qu'il soit absolument indifférent que l'ordre soit naturel ou renversé. D'ailleurs la tête et la queue sont toutes aussi sujettes à recevoir l'attaque l'une que l'autre ; elles doivent donc être également en état de la repousser. Les meilleurs voiliers doivent être placés à l'avant et à l'arrière-garde ; car ce sont toujours ces deux escadres qui sont destinées à doubler ou à traverser l'ennemi. Or ces manœuvres exigent d'être faites avec célérité.

On doit aussi choisir pour chefs de file et serre-files de l'armée, et de chaque escadre en particulier, des capitaines bons tacticiens, et ceux dans lesquels on a le plus de confiance ; comme occupant les postes où les fautes seraient les plus fréquentes et les plus nuisibles, s'ils étaient susceptibles d'en faire.

CHAPITRE II.

Des Escadres au vent.

Je vais tâcher d'exposer successivement tout ce que peut tenter une armée au vent contre une autre sous le vent à elle, et d'indiquer en même temps les manœuvres à faire par celle de dessous le vent pour éviter ou recevoir le combat, et durant l'action.

Attaque Nᵒ. 1.

Étant au vent, attaquer l'armée ennemie en se formant sur l'ordre de bataille opposé à celui où elle est établie, et dirigeant l'attaque sur son avant-garde. (*fig.* 14.)

Ce genre d'attaque paraît avoir été pendant long-temps le seul connu et usité par les Anglais, quoiqu'ils en connussent par expérience tous les désavantages ; car ils le blâment beaucoup, et se plaignent amèrement de ses suites ; notamment dans les combats des amiraux de la Galissonnière, devant Minorque, le 6 mai 1776 ; d'Estaing, devant la Grenade, le 6 juillet 1779 ; de Guichin, devant la Martinique, le 17 avril 1780 ; Destouches, devant l'embouchure de la Chesapeak, le 6 mars 1781 ; De Grasse, devant l'embouchure de la Chesapeak, le 5 septembre 1781.

Dans ces différens combats ce genre d'attaque a eu les suites que l'on avait droit d'en attendre ; savoir, 1°. que les vaisseaux de la tête de N ont été désemparés avant de pouvoir combattre, et que ces vaisseaux ont mis le désordre dans leur ligne ; 2°. que l'arrière-garde a été dans l'impossibilité de prendre part à l'action, et qu'enfin l'armée **M** faisant servir, après avoir mis le désordre dans la ligne de **N**, a passé toute entière sur son avant-garde pour achever de la désemparer.

L'inspection seule de la figure suffit pour en développer de suite tous les inconvéniens, et ses mauvais succès réitérés doivent dégoûter de jamais la tenter encore. Tous les désavantages de cette attaque sont discutés très-au long dans l'ouvrage de M. Jean Le Clerk. Mais sans s'étendre si largement sur ce sujet, on verra facilement que l'avant-garde est obligée, durant un long intervalle, de recevoir le feu de l'ennemi avant de pouvoir combattre; que, dans un semblable ordre, le premier vaisseau démâté dérange toute la ligne, et embarrasse la marche: il oblige les vaisseaux, qui viennent après lui, de présenter plus long-temps la proue en passant sous le vent; et l'escadre sous le vent, profitant de ce désordre, fait servir, passe toute entière sur le petit nombre de vaisseaux qui ont pu venir à portée, les désempare, et force l'armée du vent à changer d'ordre et de résolution, étant devenue plus faible de ces mêmes vaisseaux.

ATTAQUE N°. 2. (*Fig.* 15.)

Étant au vent, attaquer l'ennemi en coupant sa ligne au deux tiers, mettre son arrière-garde en désordre et une partie de son armée entre deux feux.

Les plus grandes combinaisons d'une armée attaquante se réduisent à essayer de mettre le désordre dans celle ennemie, au moins dans une partie, et amener, pour le premier moment, la totalité de ses forces contre une partie de celles adverses. L'attaque suivante réunit l'un et l'autre, et d'après cela doit être tentée avec succès.

Développement de l'Évolution.

L'escadre M au vent de l'escadre N, toutes deux rangées sur un ordre de bataille parallèle; l'escadre M soit qu'elle attende à petite voile celle N, ou qu'elle vienne sur un ordre de marche à la ligne de bataille A B, à grande portée de canon de celle C D, et de l'avant à elle, afin qu'en arrivant tout à coup pour engager, elle ne soit point obligée de prolonger cette ligne en présentant la joue à ses vaisseaux pendant un assez long-temps; rendre le moment de jonction le plus prompt possible, et prendre la position A K en venant au lof toute à la fois.

Les vaisseaux n". 1 et 2 de M mettront le cap sur le vaisseau n°. 1 de N, le vaisseau n°. 3 de M. sur celui n°. 2 de N, et ainsi de suite en se conservant entr'eux dans le relèvement du plus-près. Tous les vaisseaux destinés à former la ligne A K, rendus à ce poste, ceux n°. 1 et 2 se tiendront de manière à donner leur feu l'un par la joue, et l'autre par la hanche au vaisseau n°. 1 N. Par ce moyen, il ne tardera pas à être désemparé et obligé de se rendre ou quitter son poste. Dans ce cas, ceux n°. 1 et 2 M doivent arriver sous le vent de N pour y mettre entre deux feux ses vaisseaux n°. 2 et 3.

L'escadre N doit arriver toute à la fois jusqu'au n° 7 inclusivement. Ceux n°. 8 et 9 continueront à toutes voiles pour venir prendre successivement les eaux du n°. 7, destiné à couper la ligne ennemie; le n°. 8 se tiendra à deux longueurs de son matelot de l'avant, afin que si ce dernier venait à aborder un vaisseau dans la ligne N, il profitât de l'intervalle qui se trouverait nécessairement de l'avant ou de l'arrière du vaisseau abordé, le vaisseau n°. 9 suivra de près le n. 8, et ainsi de suite s'il y en avait un plus grand nombre.

Le vaisseau n°. 7, destiné à couper la ligne doit le faire entre le vaisseau que son matelot de bâbord va combattre, et celui qui le suit. C'est dans ce cas-ci, entre les n°. 5 et 6. Cependant, s'il voyait un plus grand intervalle entre les n°. 6 et 7, il y passerait de préférence; il doit faire cette manœuvre avec toute la hardiesse possible; car, quelque près que soient les vaisseaux dans la ligne ennemie, il reste toujours entre eux le passage d'un autre vaisseau, sans quoi ils courraient risque de s'aborder entr'eux; il ne doit pas craindre d'aborder un vaisseau ennemi et doit se tenir prêt à lui envoyer ses bombes, ses abordeurs, etc., si le cas échoit ainsi, auquel cas il devrait l'enlever se trouvant dans la position la plus heureuse pour cette manœuvre, mettant le beaupré de son adversaire dans ses haubans (car il faudrait aborder de préférence le vaisseau sous le vent) : le choc que recevrait ce vaisseau ainsi abordé, l'obligerait à arriver hors de sa ligne, et ferait place aux n°. 8 et 9 N pour traverser, et s'aller former sur une contre-ligne P.

Le vaisseau abordé dans la ligne N mettrait probablement le désordre dans son arrière-garde, s'il était suivi de près par son matelot de l'arrière, qui l'aborderait aussi s'il n'arrivait pas subitement.

La ligne étant ainsi traversée, plusieurs de ses vaisseaux doivent être très-maltraités par les volées de poupe et de proue qu'ils auront reçues des vaisseaux traversans, lesquels doivent bien saisir cette occasion de faire feu. L'arrière-garde N sera pendant un certain temps (qui pourrait être fort long si elle ne manœuvrait pas avec précision et célérité), sans être d'aucun secours à son armée. La meilleure manœuvre qui lui reste à faire, une fois la ligne coupée, est d'arriver successivement en forçant de voile, pour à son tour mettre entre deux feux en H, la colonne de M qui a coupé. Je dis que l'armée M aura eu un avantage marqué, car celle N aura eu ses vaisseaux n°°. 3, 4 et 5, la première entre deux feux. Il est probable que, si les vaisseaux destinés à couper la ligne ont bien manœuvré, en portant toute la voile possible, ces vaisseaux seront bien maltraités lorsque leur arrière-garde sera parvenue en H, étant abrités par trois lignes au vent à elle; en outre, le vaisseau n°. 1 N aura été obligé de plier en peu de temps sous le feu des n°°. 1 et 2 M, en sorte qu'il s'est encore trouvé deux vaisseaux n°°. 2 et 3 N entre deux feux à la tête de la ligne; ou encore, ces deux vaisseaux de la tête M auraient pu, s'il ne s'en était pas trouvé d'intermédiaires, venir mettre entre deux feux deux vaisseaux d'arrière-garde N rangés en H. Une telle attaque dégénérera nécessairement en une mêlée qui amènera la destruction totale de l'une des armées; mais toutes les chances calculables étant en faveur de M, elle doit d'avance prétendre à la victoire. L'action devant être décisive par la nature de l'attaque, on doit combattre à portée de pistolet, même vergue à vergue; l'abordage est la moindre chose à redouter.

Nota. L'escadre N voulant éviter l'attaque ci-dessus, doit arriver toute à la fois sur le largue en se maintenant dans la ligne de bataille et prête à la reformer.

L'armée M peut, si bon lui semble, chasser dans le même ordre où elle se trouve établie, faisant la même route que M, afin de fondre sur elle à l'instant où elle reformerait son ordre de bataille, s'il prenait envie à son général d'accepter le combat plutôt que de continuer à fuir; ce que je ne lui conseillerais pourtant pas; mais bien, s'il en avait le loisir, de se former sur la ligne du plus près opposée à la sienne actuelle.

SUITE DE L'ATTAQUE N°. 2 A. (*Fig.* 16.)

Si le général commandant l'escadre N , pour éviter l'attaque qui lui est présentée, arrive sur un ordre de marche, et que l'escadre M se trouve généralement meilleure voilière, elle parviendra, en chassant dans le même ordre où elle est actuellement, à joindre N ; elle doit dans ce cas la traverser, et chacun de ses vaisseaux se mettre bord à bord d'un vaisseau ennemi.

La colonne destinée à couper la ligne exécutera sa manœuvre pour venir se placer sur une ligne K , en travers des vaisseaux ennemis sans craindre d'être abordée par eux , car le désavantage serait tout à ces derniers.

La ligne N sera brisée, plusieurs de ses vaisseaux auront été maltraités par la colonne traversante ; les n°. 6, 5 et 4 seront enfilés, mis entre deux feux, et enfin abordés s'il le faut avec tout le désavantage possible.

Le n°. 1 N , continuellement entre deux vaisseaux n°°. 1 et 2 M , ne tardera pas à être démâté, auquel cas il doit être abandonné, qu'il amène ou non ses couleurs ; ce qui fournira deux vaisseaux qui doivent arriver de suite pour barrer la route aux n°°. 2 et 3 N.

Les n°°. 7, 8 et 9 N , pour secourir leur armée, doivent forcer de voile en tenant le vent successivement, pour mettre aussi entre deux feux la colonne ennemie qui la prolonge ; mais ils ne parviendront pas à réparer son désordre complet, ni toutes les avaries que leurs vaisseaux auront reçus avant leur arrivée.

SUITE DE L'ATTAQUE N°. 2 B. (*Fig.* 17.)

Si l'escadre N , soit après avoir arrivé sur un ordre de marche ou de suite (voulant éviter l'attaque qui lui est présentée), arrive le cap dans la ligne du plus près où elle est établie , pour se reformer ensuite sur l'ordre de bataille opposé en LL.

L'escadre M , décidée à combattre dans l'ordre où elle est établie , et à profiter de la défiance qu'elle a inspirée à son ennemie en lui faisant abandonner son ordre de combat, doit arriver tout à la fois le cap dans la ligne de bataille. La colonne destinée à traverser l'ennemi manœuvrera pour aller se former , sur le même ordre que lui , au vent en R. Les vaisseaux de la ligne forceront de voile autant que possible, pour venir couper la ligne ennemie au sommet de l'angle formé par son nouvel ordre de bataille, avec celui qu'une partie de ses vaisseaux occupe encore, et prenant le même bord qu'elle, se rangeront en A D sous le vent.

Par cette manœuvre, l'escadre M dispersera son adversaire N , en mettra une partie entre deux feux, et forcera l'autre d'arriver sous le vent, où ils seront peut-être long-temps sans combattre s'ils ne manœuvrent avec sagacité et précision.

Les vaisseaux de la tête N , qui sont déjà établis sur l'ordre LL et ne sont point engagés au feu, doivent arriver sous le vent de M , se laissant culer pour former une contre-ligne K , où ils doivent être rejoints par les vaisseaux H, qui, après avoir arrivé successivement, doivent aussi venir former une contre-ligne K.

Quoique tous les vaisseaux de l'escadre N puissent venir successivement prendre part à l'action, ils auront été au premier instant mis en désordre, et celle M aura porté les premiers coups avec ordre et avantage ; le succès est donc probable pour elle. Car, c'est presque toujours d'une première faute ou d'un premier désordre que vient la perte d'une bataille à force égale ou à peu près.

Si le général de l'escadre M ne jugeait pas convenable

de combattre après avoir forcé son ennemi à fuir, et à changer son ordre de bataille au seul aspect de ses combinaisons, il devra rétablir promptement son ordre de bataille dans la totalité de sa ligne. Pour exécuter ce mouvement, les vaisseaux de la colonne traversière viendront sur le bord convenable pour prendre leur poste à l'arrière-garde comme en PP. L'ordre une fois rétabli, l'armée doit virer en échiquier pour suivre l'ennemi, reformer un nouvel ordre de bataille et lui présenter encore le combat s'il le juge à propos. L'escadre N ayant reformé sa ligne sur sa queue, aura perdu au vent de toute la quantité dont la tête en était de la queue. Or, l'escadre M conservera facilement le précieux avantage du vent.

ATTAQUE N°. 3. (*Fig.* 18.)

Étant au vent, présenter le combat à l'ennemi, sans s'exposer au feu d'enfilade en arrivant sur lui.

Il serait très-avantageux à l'escadre attaquante de se dispenser de recevoir la canonnade de celle attaquée, en arrivant sur elle depuis la portée du boulet jusqu'à la distance convenable pour engager. Si l'armée de dessous le vent était envieuse de combattre, et voulait dispenser de ce désavantage celle du vent, le genre d'attaque suivant remplirait le but proposé.

Développement des évolutions.

L'escadre M se mettra sur un ordre de bataille A B parallèle à celui de N, faisant de la voile seulement pour gouverner ; de manière que son arrière-garde, de l'avant de toute l'escadre N, se trouve à demi-portée de canon, ou mieux à quart de portée du prolongement de sa ligne.

Lorsque plusieurs vaisseaux de l'avant-garde N seront engagés avec l'arrière-garde M, celle-ci toute entière arrivera

en même tems en A C , et serrera N de très-près au feu
pour l'empêcher de faire aucun mouvement d'échiquier ou de
contre-marche sur le bord opposé.

Lorsque le vaisseau n°. 1 N sera parvenu par le travers du
vaisseau n°. 6 M , toute l'escadre M doit prendre la même
voilure que celle N. Les trois vaisseaux de tête M doivent
arriver lof pour lof , défiler successivement en proue du
vaisseau n°. 1 N , en lui donnant leur volée d'enfilade , et
prendre ensuite une position K pour mettre entre deux feux
un pareil nombre de la tête N.

De cette manière on· évitera une longue arrivée pour se
mettre à portée de combattre (pendant laquelle les vaisseaux
présentent la proue et sont maltraités sans pouvoir riposter).

Les trois vaisseaux d'arrière-garde N sont pour quelque
temps inutiles , en supposant qu'ils manœuvrent bien ; car
s'ils mettaient de l'indécision ou même de la lenteur , leur escadre serait battue avant qu'ils puissent servir. Pour éviter
cela , ils doivent virer en échiquier et doubler au vent la
queue de M.

L'avant-garde N parvenue par le travers du quatrième
vaisseau de M, ayant reçu continuellement le feu de vaisseaux
frais , doit être très-maltraitée , ayant été de plus obligée de
faire beaucoup plus de voiles que l'escadre M , elle aura été
aussi plus exposée aux accidens du feu et des démâtages, Or, son
vaisseau n°. 1 doit être achevé de démaner par les volées des
vaisseaux doubleurs; de sorte que ce sont ses vaisseaux n°. 2 ,
3 et 4 qui doivent être mis entre deux feux ; elle aura donc
quatre vaisseaux à peu près hors de combat avant que son
arrière-garde puisse la secourir ; en outre , les vaisseaux de
tête M, qui auraient fait plier leur adversaire , ou qui
l'auraient démâté , doivent virer et venir au secours de leur
arrière-garde , si elle était attaquée par celle M, qui aurait,

fait un contre-bord ; ce dont l'escadre doit être instruite par les frégates qui sont au vent. Si cependant ils étaient trop avariés pour virer au vent, ils arriveraient pour renforcer la contre-ligne sous le vent.

Nota. Si l'armée N virait en échiquier avant d'être à portée d'engager avec l'arrière-garde **M**, celle-ci devrait promptement faire la même manœuvre afin de n'être pas doublée au vent.

Suite de l'attaque N°. 3 (*fig.* 19).

Si l'armée **N**, tentée de gagner le vent par un mouvement de contre-marche peu avant de joindre l'arrière-garde **M**, celle-ci devrait aussitôt mettre le cap dans la ligne du plus-près, et venir à toutes voiles couper la ligne N au sommet **A** des deux ordres de bataille, et venir se ranger parallèlement sous le vent en **B**, faisant en sorte que la moitié de l'escadre **N** soit établie sur son nouvel ordre.

A l'instant où l'armée M met le cap sur la ligne du plus-près, un nombre déterminé de vaisseaux de l'arrière-garde (au moins d'un quart de l'armée) courent à deux quarts largue, sous toutes voiles possible, et viennent se ranger en bataille au vent de l'ennemi comme en **K** pour le mettre entre deux feux.

Une partie de l'escadre N se trouve battue par la presque totalité de celle **M** : elle doit nécessairement être détruite en peu de temps.

Le plus grand désordre régnera probablement parmi les vaisseaux de N coupés à sa queue ; leur seule ressource sera en forçant de voiles et sans ordre, de chercher leur réunion par-dessous le vent. Ceux de la tête qui ne sont point engagés doivent arriver pour se rallier à leur arrière-garde en formant une contre-ligne sous le vent de **M**, pour y combattre de leur mieux. Mais quelque chose que fasse l'escadre **N**, elle sera combattue séparément et sans ordre par une armée réunie et en bon ordre.

ATTAQUE N°. 4 (*fig.* 20).

Attaque générale en doublant la tête ou la queue de l'ennemi.

N'étant pas toujours possible d'éviter d'être canonné en arrivant sur l'ennemi, surtout lorsqu'il ne le veut pas, tous les moyens de l'attaquer, où ce prélude est inévitable, ne doivent pas pour cela être rejetés, de même que ceux où on ne tente rien pour troubler son ordre (quoique toutes les fois qu'on y est parvenu cela a produit les meilleurs effets). Cependant quand on désire avoir une affaire décisive, on doit toujours, quand même on ne serait que d'égale force, faire doubler l'ennemi à la tête ou à la queue (de préférence à la tête) pour mettre un certain nombre de ses vaisseaux entre deux feux, tandis qu'on en rend un pareil nombre inutile, au moins pour le premier moment.

Évolutions.

L'armée **M** au vent se rangera sur un ordre A B'parallèle à celui de **N** de l'avant à elle. Toute l'armée arrivera en même temps, conservant bien les distances et le relèvement du plus-près, elle attaquera plus à la tête ou à la queue, selon que son général voudra faire doubler par l'une ou par l'autre, ce dont il préviendra son armée en désignant le nombre des doubleurs, lesquels manœuvreront pour venir passer successivement, soit en poupe du vaisseau de queue, soit en proue de celui de tête, en lui donnant leur volée, et iront ensuite se ranger sous le vent en **K**.

Chaque vaisseau de l'armée du vent doit mettre le cap sur le vaisseau qu'il est destiné à combattre dans la ligne ennemie, jusqu'à ce qu'il l'ait joint à portée de pistolet. Les doubleurs, soit à la tête, soit à la queue, porteront un peu plus au vent, afin d'exécuter leur manœuvre, comme il est dit plus haut.

ATTAQUE N°. 5 (*fig.* 21).

Abordage général.

L'abordage général est un genre d'attaque qui n'a encore été pratiqué par aucun amiral ; sa nouveauté, et la résolution qu'elle montrerait de la part de l'armée assaillante devrait produire les meilleurs effets en sa faveur ; surtout pour une armée française, dont l'habitude de manier l'arme blanche plus que toute autre nation, et le courage bouillant, devraient en pareille circonstance l'emporter de beaucoup sur l'intrépidité glacée de MM. les Anglais.

Une telle attaque sera vive et bientôt terminée ; mais elle sera moins meurtrière qu'un combat à coups de canon. Elle maltraitera moins les vaisseaux ; et je suis persuadé que la première armée française qui la mettra en usage se couvrira de la plus grande gloire par un succès général.

C'est bien dans cette occasion qu'on doit faire usage des bombes au bout des vergues ; car pour qu'un abordage réussisse bien, il faut que le gaillard ennemi soit abandonné, ou à peu près. Or, le fracas que fait une bombe en éclatant remplit de suite le but proposé.

Évolutions.

L'armée M se rangera sur un ordre de bataille parallèle à celui de N , et de l'avant à elle; tous les vaisseaux arriveront en même temps en forçant de voiles, chacun portant le cap sur l'avant du vaisseau correspondant dans la ligne CD, et fera en sorte d'engager le beaupré de son adversaire entre ses haubans de misaine ; lui enverra son feu , ses bombes , enfin ses abordeurs quand il en sera temps.

Cet engagement devant décider de la perte entière de l'une des deux armées, nulle force ne doit rester inactive : ainsi les frégates rangées sur une ligne K arriveront avec les vaisseaux, et viendront chacune aborder en poupe un vaisseau déjà abordé en proue. Trois cents hommes de plus doivent de suite réduire le vaisseau abordé.

Attaquer une Escadre sous le vent , qui fuit formée sur l'angle de retraite.

On peut attaquer de différentes manières et envelopper une escadre fuyante en ordre de retraite. Pour l'entourer en totalité, il faut une escadre beaucoup plus considérable; mais si l'on n'est pas assez fort pour arrêter le tout , on peut toujours s'emparer d'une partie.

Première attaque (*fig.* 22).

L'escadre M au vent se formera sur deux colonnes; l'une d'elle coupera en H au-dessous du vaisseau du sommet, l'une des branches de l'angle de retraite ; tenant ensuite le vent , viendra en K s'opposer au passage de l'autre branche, tandis que la seconde colonne M élongera cette même branche en X , pour la mettre entre deux feux. Ayant la route ainsi barrée, elle sera obligée de mettre le cap dans la ligne du plus près , et de combattre entre deux colonnes qui l'auront bientôt réduite.

On ne peut indiquer de manœuvres à la branche sous le vent qui n'est point attaquée ; car on doit supposer que l'escadre fuyant en ordre de retraite , qui s'est obstinée à le conserver jusqu'à la fin, ne cherchait qu'à éviter une défaite complète. Cette colonne fera donc de son mieux pour fuir le plus vite qu'elle pourra.

SECONDE ATTAQUE (*fig.* 23).

L'escadre M se formera sur deux colonnes, dont chacune fera route sur le vaisseau le plus éloigné dans chaque aile du sommet de l'angle de retraite. Si l'escadre N persistait à conserver son même ordre, chacune de ces colonnes viendrait au lof après avoir dépassé le dernier vaisseau, afin d'envelopper le tout; et un nombre de vaisseaux de la queue de chaque colonne, égale à la moitié de ceux ennemis, viendraient en HII se former en angle de retraite pour achever d'enfermer cette escadre.

Les colonnes de M doivent être à une distance considérable l'une de l'autre. Si l'escadre N est d'un certain nombre de vaisseaux, cette dernière pourra donc prévenir cette attaque en se formant à propos sur l'un des ordres de bataille, ou même sur la perpendiculaire du vent; faisant cette manœuvre de manière que l'ennemi ne puisse pas changer à temps ses dispositions, ni qu'elle ne puisse se trouver aux prises de trop près avec l'une des colonnes; il serait alors probable que l'escadre N ferait perdre l'avantage du vent à une grande partie de celle M; peut-être même pourrait-elle le gagner au tout.

L'escadre N n'aurait alors d'engagement qu'avec une faible partie de celle M, et retarderait pour quelque temps sa défaite, si quelque événement ne la favorisait pas pour échapper.

TROISIÈME ATTAQUE (*fig.* 24).

L'escadre M se formera sur un ordre de retraite semblable à celui de N, la chassera ainsi jusqu'à ce qu'elle soit parvenue

dans la position **MP**, où chacun de ses vaisseaux passera.
entre deux vaisseaux de **N**, les vaisseaux des ailes qui dépasse-
ront celles ennemies, arriveront en **KK** pour couper le
passage à toute l'escadre **N**, qui sera alors totalement
enveloppée.

L'escadre **N** pourra, comme précédemment, éluder sa
défaite, en se formant sur l'un des ordres de bataille ; mais
celle **M** sera dans ce cas-ci plus à portée d'imiter sa manœuvre
et de la serrer de plus près.

ATTAQUE DE M. JEAN CLERK (*fig.* 25).

Jean Clerk, dans son *Essai de tactique*, ou plutôt dans
son ignorante diatribe sur la marine française, propose un
moyen d'attaque qui paraît au premier coup d'œil devoir
obtenir quelque succès, en faisant attaquer une armée **N**
sous le vent, rangée sur un ordre de bataille **AB**, par une
armée **M** au vent rangée sur trois colonnes, arrivant sur la
queue de **N**, venant ensuite tenir le vent sur trois colonnes,
comme le représente la figure en **ROC** : puis en envoyant un
détachement attaquer de près les trois vaisseaux d'arrière-
garde **N** ; il prétend, dit-il, que, soit que l'armée **N** vire vent
devant ou vent arrière, elle doit perdre ses trois vaisseaux,
ou en faisant toute autre manœuvre aussi sotte que ridicule
qu'il lui a plu de dicter à cette armée dans tout le cours de
ses évolutions.

Si monsieur l'écuyer anglais eût été moins *intoxicated*
des hauts talens dont il se vante, et qu'il eût été un peu
plus tacticien, il se serait aperçu qu'outre que, comme il dit
lui avoir été observé par de savans marins, son détachement
de vaisseaux sera très-maltraité par l'arrière-garde **AB**, en
arrivant pour prendre sa position en **K**, sans pouvoir riposter ;
il se serait aperçu, dis-je, qu'une armée qui est sous le vent,

et forcée d'y combattre, ne craint point de le perdre, que l'armée M pouvait faire de sa queue sa tête quand il lui plairait, arriver, tout en même temps, le cap dans la ligne du plus-près, faire virer son premier vaisseau de queue, devenu celui de tête, et suivie de toute l'armée par la contre-marche, de manière à passer en poupe de la colonne C; pour ensuite revirer en B et la prolonger en forçant de voiles.

Par cette manœuvre les détachemens d'attaque seront enfilés en proue lorsqu'ils arriveront sur l'arrière-garde N; recevront à contre-bord, et de près, le feu de toute cette escadre, seront enfilée par la tête qui vire de bord, puis doublés au vent par cette même tête revirante; enfin, pour achever l'œuvre, la colonne C et celle d'attaque seront, pendant un temps, entre trois feux, finiront par être coupées de leur escadre et jetées sous le vent.

L'escadre M recevra peu de feu à la fois, en donnera beaucoup et se conservera toujours en bon ordre.

Étant au vent d'une armée supérieure en force et en marche, éluder une action générale et d'être doublé au vent. (fig. 26.)

L'armée du vent se rangera sur un ordre de bataille AB, parallèle à celui de N, viendra ensuite, par un mouvement d'arrivée, se placer en AC, a demi-portée de canon, engageant seulement trois ou quatre vaisseaux de son arrière-garde avec les trois ou quatre vaisseaux de l'avant-garde N; toute l'armée M sous la même voilure que son adversaire.

Les frégates se tiendront sur une ligne K, au vent de leur armée, prêtes à porter secours aux vaisseaux combattant qui se trouveraient avariés.

Si cet engagement devait durer long-temps, il faudrait changer les vaisseaux qui combattent, afin qu'ils ne se trou-

vent pas trop démanés pour ne pouvoir suivre leur escadre ;
car alors ils tomberaient immanquablement au pouvoir de
l'ennemi.

On secourra les vaisseaux maltraités ou on changera ceux
qui combattent, en faisant arriver toute l'armée, seulement
de la quantité suffisante, pour qu'ils puissent, en continuant
leur route, passer au vent de leur escadre, pour, s'ils le peuvent, en prendre la tête, soit par leurs propres moyens, soit
à l'aide des frégates.

Quand un vaisseau demande du secours, la frégate la plus
à portée doit, sans attendre d'autres ordres, arriver de
suite sur lui, dût-elle s'exposer au feu de l'ennemi.

Par cette manœuvre, l'armée N sera entravée dans les
siennes, sera obligée de combatre, avec une partie de ses
vaisseaux, un nombre égal de vaisseaux ennemis ; elle aura
sûrement quelques vaisseaux endommagés qui pourraient, en
dérangeant la ligne ou par les secours dont ils auraient besoin,
retarder la marche totale ; car, combattant sous toutes voiles,
et sous le vent, les accidens du feu seront très-fréquens.

L'armée M se soutiendra au vent, et pourra, soit à la faveur de la nuit ou de quelqu'événement, s'échapper ; ce
qu'elle fera en virant en échiquier, afin d'être prête à re-
prendre son ordre de bataille, ou en se rangeant sur trois
colonnes, si elle en avait le temps.

Cette armée pourrait avoir quelques vaisseaux trop maltraités pour la suivre ; si à l'aide de frégates ou vaisseaux bons
voiliers, on ne pouvait réparer cet inconvénient, il faudrait
les abandonner, car il vaut mieux perdre une partie que le
tout.

Tandis que l'arrière-garde M serait engagée avec l'avant-
garde N, celle-ci pourrait fort bien laisser au feu son avant-
garde et virer en échiquier pour doubler M au vent. Il faudrait

alors imiter promptement sa manœuvre, au risque de quelques volées d'enfilade.

L'armée au vent ayant son arrière-garde coupée, couper la ligne ennemie à son tour, et rétablir l'ordre de bataille à l'autre bord (fig. 27).

Une armée au vent, formée en ordre de bataille, pourra toujours éviter d'être coupée par une autre armée venant à contre-bord, de dessous le vent, formée sur l'ordre opposé, soit en virant en échiquier, soit en se formant sur un ordre parallèle à celle de dessous le vent ; mais on doit avoir pour principe, quand on est au vent et assez près de l'ennemi pour engager, d'être toujours sur un ordre parallèle au sien. Au contraire, l'armée de dessous le vent, si elle veut essayer de couper celle du vent, ou éluder l'action, doit toujours chercher à se former sur l'ordre opposé de celle du vent.

Comme il est déjà arrivé qu'une armée au vent avait été coupée par celle de dessous le vent, formée sur l'ordre opposé, et que cela pourrait encore arriver ; voyons ce qu'il en devrait résulter, et si les suites doivent être forcément aussi désastreuses qu'elles le furent dans le combat du 12 avril 1782.

L'armée du vent M, ayant son arrière-garde coupée en H, par la tête de l'escadre sous le vent, cet événement doit être aussitôt signalé par les frégates qui sont au vent de la ligne.

Les vaisseaux coupés à la queue doivent aussitôt arriver lof pour lof, et venir former la tête d'une nouvelle ligne en A D. Toute l'armée mettra le cap dans la ligne du plus près, virant lof pour lof ; tous les vaisseaux forceront de voiles et viendront couper la ligne N en P, la forceront d'arriver par leur feu successif, et iront se reformer sur la ligne du plus près A D, à la suite des vaisseaux de queue devenus ceux de tête, et qui doivent les attendre à petite voile. Ainsi l'armée M, au lieu d'être séparée, se rejoindra en totalité, coupera de leur escadre les vaisseaux de N qui auront traversé, forcera la totalité de cette escadre à arriver et combattre sous le vent.

L'escadre du vent ayant son avant-garde coupée par celle sous le vent, couper à son tour la ligne ennemie, et reformer l'ordre de bataille (fig. 28.).

L'armée M étant coupée à son avant-garde, je suppose entre ses troisième et quatrième vaisseaux, le quatrième vaisseau n'ayant pu empêcher cet événement, doit arriver pour passer à son tour au travers de la ligne N, comme en K, le cinquième arrivera aussi et sera suivi successivement de toute son armée, qui forçant de voile, coupera en A, ce que N ne peut éviter.

Je répète que l'on ne doit point ici craindre les abordages; car ils feraient engorger l'escadre attaquante et faciliteraient le passage de toute l'armée.

Le quatrième vaisseau coupé, soit qu'il traverse de suite ou non, pourra toujours opérer sa jonction et prendre la queue; soit que le petit nombre de vaisseaux de N, qui aura traversé en premier lieu, donne sur la tête ou sur la queue, il sera de peu de conséquence. La ligne A B se reformera en A C; les vaisseaux H arriveront en C, feront petite voile pour attendre le corps de bataille et achever de rétablir l'ordre.

Il existe un troisième cas; c'est celui où l'armée M serait coupée au centre; mais comme elle ne pourrait se réunir que par une manœuvre analogue aux deux précédentes, nous la considérerons coupée à l'arrière-garde, quand elle le sera en arrière du vaisseau amiral; et à l'avant-garde, quand elle sera coupée à l'avant de ce vaisseau.

L'escadre sous le vent a dans ces différens cas la ressource d'arriver comme en AP, et recouper un ou plusieurs vaisseaux de la queue; celle du vent doit alors manœuvrer comme traversée à l'arrière-garde, sans quoi elle perdrait ses vaisseaux coupés.

Ce genre d'attaque n'est pas sans apparence de succès pour l'escadre sous le vent, si celle du vent ne manœuvrait pas avec ensemble et surtout avec vivacité.

Étant au vent, fuir une armée sous le vent, et très-supérieure, en lui donnant le change sur la vraie route (fig. 29.)

Vers la fin du jour l'armée du vent se rangera sur une route parallèle à celle que tient l'armée sous le vent; le général observera bien la position des frégates ennemies; ensuite il formera un détachement composé de ses frégates les meilleures voilières, et d'un ou deux vaisseaux, aussi bons marcheurs; ce détachement, lorsque le temps deviendra obscur, se rangera sur une seconde ligne en C. Chacun de ces bâtimens laissera voir distinctement un ou plusieurs feux dans ses batteries sous le vent. Le commandant de cette division fera de temps à autre des signaux insignifians (l'armée en sera prévenue) et se tiendra par le travers de son vaisseau amiral.

A mesure que la nuit se fera, les vaisseaux de la ligne cacheront soigneusement leur feu; à l'instant où le général croira que le temps est assez obscur, il fera placer un fanal à l'ouverture d'un sabord sous le vent, ou dans les portehaubans de ce vaisseau. Ce signal sera répété de la même manière, mais au vent par le commandant de la fausse ligne C ; il servira à avertir le capitaine de chaque vaisseau de se préparer à virer tous à la fois en échiquier. Dix minutes après, le commandant de la ligne C mettra un second fanal, bien distinct du premier, lequel sera le signal d'exécution pour l'armée qui virera alors.

. Le temps entre le premier signal et celui d'exécution devra être employé par les capitaines à préparer leur évolution, afin qu'aucun ne manque à virer.

Le mouvement fini, l'armée M s'éloignera à toute voile, tandis que le détachement C n'en fera que pour n'être pas joint par l'armée sous le vent. Il veillera attentivement les mouvemens de cette dernière, écartera par quelques volées les frégates avancées, si elles venaient trop près ; et quand une fois le commandant de ce détachement sera bien sûr que la route de son armée n'est point connue, il forcera successivement de voile, ainsi que toute sa division ; puis au jour chacun d'eux emploiera tous ses moyens pour se sauver des mains de l'ennemi ; quelques-uns pourront être pris, mais l'armée sera sauvée.

Si l'escadre N, sous le vent, découvrait la marche de celle M au vent, le commandant du détachement C en préviendrait de suite son général par un signal convenu ; alors l'un et l'autre manœuvreraient pour se rejoindre, c'est-à-dire, que le détachement virerait de suite sur son escadre, et serait attendu, s'il était nécessaire ; car, dans ce cas, le général doit être entouré de toutes ses forces, lesquelles ne doivent l'abandonner qu'en devenant la proie du feu, des flots ou de l'ennemi.

Addition pour les Escadres au vent (fig. 37).

Dans la rencontre de deux armées, l'une N, étant rangée sur l'ordre de bataille à tribord, et l'autre M, sur trois ou

quatre colonnes bâbord (je parle ici d'armées nombreuses)
au plus près ; je pense que l'armée M aurait un très-grand
avantage à continuer sa route, en donnant un quart de largue,
et couper en quatre endroits différens celle N. Les colonnes
de M étant bien serrées, les vaisseaux qui se trouveraient in-
terceptés entre ces colonnes seraient forcés ou de faire la
même route qu'elles, entre deux feux, ou de les prolonger à
contre-bord, de même entre deux feux ; il est probable
qu'au sortir de là ils seraient au moins hors de combat.

Les vaisseaux de N restant sous le vent seraient obligés
d'arriver tout-à-fait, et ne pourraient être d'aucun secours à
ceux engagés ; il me semble que cette armée serait à peu près
dans un désordre complet.

Quant à l'armée M elle ne courrait aucun risque ; les
dommages qu'elle recevrait ne seraient que bien peu de
chose, et elle serait ensuite la maîtresse de donner telle
attaque que bon lui semblerait, sur une armée grandement
affaiblie et débandée.

(*fig.* 38). Une armée M rangée sur trois colonnes, plus
nombreuse qu'une armée N qu'elle veut attaquer, et au vent
à elle, pourrait faire la manœuvre suivante, afin de la doubler à la tête et à la queue dans le même temps.

Manœuvre.

La moitié ou moitié moins un de la colonne du vent force
de voile et dépasse l'armée ; puis, passant devant, dirige
sa route pour aller se placer en contre-ligne K. De même,
moitié ou moitié moins un de cette même ligne du vent
arrive lof pour lof, et dirige sa route pour aller aussi se
placer en contre-ligne K à la queue. La colonne du centre
met en panne pour laisser défiler celle sous le vent, et former un ordre de bataille A B. Cette ligne devant être for-

mée à très-petite portée de canon de **N**, arrive toute à la fois et attaque de très-près.

Le vaisseau **Z** de la colonne du vent, arrive sur la ligne **A B**, se tient en observation au vent, et va remplacer le premier vaisseau qui paraît plier sous le feu de l'ennemi.

Cette attaque étonnerait d'autant plus l'ennemi, qu'un ordre de trois colonnes n'indique pas l'intention d'engager.

CHAPITRE III.

Des Armées sous le vent.

PLUSIEURS auteurs anglais ont prétendu que nous préférions combattre sous le vent, parce qu'ils avaient éprouvé des défaites réitérées en attaquant toujours au vent. Je crois qu'ils doivent plutôt s'en prendre à la défectuosité de leur plan d'attaque, qui a presque toujours été le même, et conséquemment suivi des mêmes inconvéniens : de là ils ont conclu qu'il se trouvait de grands avantages dans cette position, en y recevant l'attaque; mais ils n'ont pu les définir autrement qu'en disant que, puisque la bravoure britannique, supérieure à celle de toutes les nations, avait été déçue par *l'industrie* des amiraux français, il fallait que la position sous le vent donnât bien de l'avantage à l'armée qui l'occupait, puisqu'étant de beaucoup inférieure en courage, elle avait néanmoins obtenu de bons résultats. Je suis fâché pour ces messieurs que l'orgueil ne puisse tenir lieu de talens, car certainement ils seraient les premiers tacticiens du monde; mais, loin de là, ils ont appris de nous ce qu'ils

savent sur cela, encore l'ont-ils mal interprété. Il faut espérer qu'à l'exemple de nos aïeux nous les instruirons encore à
notre école, et au même prix.

Quelle que soit sur cela l'opinion anglaise, et même celle de
quelques Français, il sera toujours facile de prouver qu'une
armée sous le vent ne peut tenter sur celle du vent aucune
attaque décidée et à son gré, car celle du vent pourra toujours prendre la position qu'il lui conviendra. Il est évident
qu'elle choisira toujours celle qui lui sera la plus avantageuse
et la plus désavantageuse pour celle sous le vent : d'ailleurs,
l'armée sous le vent ne pouvant venir au combat qu'en tenant le plus près du vent, de toutes les allures, celle où les
vaisseaux acquièrent le moins de vitesse, elle s'expose à une
longue canonnade *gratis*, de laquelle elle souffre beaucoup
plus long-temps que si elle arrivait grand largue sur son
ennemi; mais les effets ont prouvé que, dans ce premier
cas, ce temps était assez long pour causer de grandes
avaries et de grands désordres; à plus forte raison, lorsqu'elle sera prolongée d'un tiers ou de moitié en sus, produi-
ra-t-elle de plus fâcheux accidens? Joignons à ces désavantages bien marqués tous ceux attribués en particulier à chaque
bâtiment qui combat sous le vent. Nous pourrons conclure
de là, qu'autant qu'il se peut faire, il faut éviter de donner l'attaque par-dessous le vent.

Il n'est pas à beaucoup près aussi désavantageux de recevoir l'attaque, étant sous le vent. L'armée du vent, en faisant tous les frais, est obligée de se soumettre à toutes les in-
commodités accessoires à sa position. Celle sous le vent,
ayant un vaste champ pour manœuvrer, prendra aussi les
positions qui lui conviendront; et, comme on le verra par
la suite, elle pourra faire essuyer de longues canonnades à
celles du vent avant qu'elle soit à portée de combattre, pour

ne lui tenir tête ensuite qu'autant qu'elle ne sera pas trop incommodée ; car elle pourra l'abandonner à volonté pour l'obliger de revenir encore à la charge, et trouver la même réception.

Parmi les moyens d'attaque d'une armée sous le vent, un des principaux est celui de venir à contre-bord en ordre de bataille, couper la ligne du vent ; mais nous avons vu, en traitant des escadres au vent, qu'elles peuvent presque toujours éviter cet événement ; mais, quand cela est possible, celle sous le vent ne doit pas manquer de le faire, si elle est bien décidée à combattre, ayant soin de couper le plus possible à la tête.

Étant sous le vent, donner une attaque générale sur l'armée du vent, en la doublant à la tête ou à la queue (fig. 3o).

L'armée N se rangera sur une ligne du plus près parallèle à celle de M, au vent, et de l'avant à elle, ensuite viendra en échiquier approcher M en A C, où elle reprendra son ordre de bataille.

Si elle est la plus nombreuse, elle fera doubler l'ennemi par un nombre de vaisseaux désignés, qui pousseront leur bordée jusqu'à ce qu'ils puissent venir se ranger sur une ligne K, ou K au vent, de la tête ou de la queue, selon que l'aura ordonné le général.

Si l'armée N n'était que d'un même nombre de vaisseaux que M, elle pourrait, négligeant les deux ou trois vaisseaux de queue, la faire doubler à la tête par deux ou trois des siens, car il faudrait beaucoup de temps à ces vaisseaux de queue pour venir prendre part à l'action.

Je ne conseille guère cette attaque, car elle est défectueuse dans toute son étendue; je ne l'ai même développée ici que pour en faire mieux voir les défauts.

Étant sous le vent, recevoir l'attaque d'une escadre arrivant sur deux colonnes, sous toutes voiles, et déterminée à couper la ligne (fig. 31).

L'armée sous le vent ne peut faire aucune manœuvre pour amener en même temps tous ses vaisseaux au combat; elle se trouve dans la nécessité de recevoir l'attaque telle qu'elle lui est présentée; elle doit donc employer tous ses moyens pour la rendre aussi peu favorable que possible à l'ennemi.

Il faut, aussitôt que l'armée M sera rangée dans l'ordre de deux colonnes, que celle N fasse très-petite voile et se mette beaupré sur poupe. Dès que M sera à un quart de portée de canon, N ne conservera de voile que pour gouverner ses vaisseaux presqu'à se toucher, faisant le feu le plus vif possible. Les préparatifs nécessaires pour l'abordage seront faits, et quand les colonnes de M viendront pour couper la ligne, les vaisseaux à portée de s'y opposer, au risque de s'aborder eux-mêmes, feront tous leurs efforts pour l'empêcher; si l'un des vaisseaux était, par l'abordage, forcé d'arriver sous le vent de la ligne, son matelot de l'arrière manœuvrerait pour prendre sa place avec toute la promptitude possible, et se fera aborder à son tour, plutôt que de laisser traverser la colonne ennemie.

Tous les vaisseaux qui se trouveront dans les endroits de la ligne, susceptibles d'être coupés par l'une des colonnes du vent, manœuvreront de la même manière; si tous ces vaisseaux font bien leur devoir, il est presque certain que le but de l'ennemi sera manqué; ses vaisseaux arrivant grand largue ou vent arrière, avec toutes leurs voiles, ne trouvant point de passage ouvert, seront obligés de revenir au vent, dans la plus grande confusion, et hors d'état de pouvoir de long-temps établir aucun ordre de bataille ; une très-petite partie pourra donner son feu, et tous seront exposés à celui de l'armée N, au moins leurs mâtures et gréemens ; en outre, deux ou trois des premiers vaisseaux qui auront pu traverser, en abordant un pareil nombre de ceux N, se trouveront jetés sous le vent de cette ligne, et infailliblement perdus.

L'armée N étant assez heureuse pour empêcher d'être coupée, et forcer celle M à cette confusion de manœuvres ci-dessus, elle doit aussitôt faire servir, en conservant toujours sa ligne bien serrée, pour dépasser en totalité celle M, qui se trouve en groupe, chacun indécis sur la conduite qu'il doit tenir.

Dans cette lutte, les vaisseaux de N les plus exposés au feu, qui se trouvent trop incommodés, doivent arriver sous le vent de leur ligne, où i's seront promptement secourus par leurs frégates, et leurs matelots de l'arrière forceront de voiles pour remplir le vide.

L'armée ayant, en totalité, dépassé le groupe ennemi, virera de suite en échiquier, afin de lui gagner le vent, et se rendre par-là maîtresse, à son tour, d'attaquer aussi vigoureusement qu'elle le jugera convenable.

On doit aussi supposer que l'armée M effectuera son projet et traversera l'armée N, auquel cas elle se rangera probablement sur une ligne II sous le vent, ce qui lui sera cependant bien difficile à faire avec la moindre exactitude ; alors N doit, une fois les colonnes de M défilées, resserrer sa ligne et combattre à très-petites voiles, afin de profiter du désordre évident où M sera sous le vent, une partie de ses vaisseaux se trouvant en double ou triple rang sous le vent les uns des autres, ne pouvant tous combattre, mais étant tous exposés, par leur mâture, au feu de la ligne N.

Si une partie de l'armée M se prolongeait en forçant de voiles sur une ligne II , pour atteindre les vaisseaux de tête , les trois ou quatre vaisseaux de tête N doivent arriver en K , pour mettre entre deux feux cette tête ennemie, augmenter sa difficulté à se former , et prolonger le désordre.

J'ai dit que N devait mettre à petites voiles aussitôt que les colonnes de M seraient à quart de portée de canon ; en voici la raison :

Si , à l'instant où les colonnes M atteignent la ligne N , celle-ci faisait grande route , il arriverait que le premier vaisseau qui obstruerait le passage à ceux de l'arrière N les forcerait à arriver sous le vent , ne pouvant passer outre ni doubler au vent , de sorte que cette ligne serait de suite dans un désordre complet ; au lieu que recevant l'attaque sous petites voiles , toute l'armée M pourrait traverser sans que celle N eût d'autre désordre que quelques vides , et deux ou trois vaisseaux jetés sous le vent (lesquels , s'ils pouvaient se dégager , devraient manœuvrer pour prendre la queue de leur ligne). Il est bien vrai qu'elle aura plusieurs vaisseaux maltraités par le feu d'enfilade qu'ils auront reçu ; mais ces dommages auront été bien compensés par ceux qu'aura reçus M avant d'avoir atteint la ligne N.

Tout bien balancé, je ne pense pas que l'armée M ait aucun avantage marqué à donner cette attaque ; car, ou elle se trouve au vent, dans le plus grand désordre, si elle manque à couper la ligne N ; et si elle y parvient, elle se trouve en totalité sous le vent, dans une confusion que ne peuvent éviter des colonnes venant à corps de voiles traverser une ligne pour se reformer ensuite sous le feu de l'ennemi. Les vaisseaux sont obligés de conserver toujours une grande quantité de voiles, afin de ne pas se trouver pêle-mêle ; les démâtages et les accidens du feu doivent devenir communs en pareils cas. Joignons à tout cela les avaries que les vaisseaux doivent avoir reçues avant de pouvoir combattre, et nous en pourrons conclure que cette attaque ne doit pas promettre un succès aussi complet que celui qu'elle a obtenu, conduite par le plus heureux amiral de nos jours.

Étant sous le vent, fuir une escadre supérieure en force, qui chasse et cherche à vous entamer.

De toutes les combinaisons dont une escadre est susceptible, l'angle de retraite est la plus convenable pour fuir, en présentant le plus de défense possible, et le moins de moyens à l'ennemi d'entamer celle qui fuit : c'est donc le meilleur ordre que puisse prendre, en pleine mer, une escadre qui rencontre au vent, des forces trop supérieures, pour espérer le moindre succès dans un engagement ; car si la disproportion n'était pas trop grande pour risquer une canonnade générale, il serait plus à propos d'être formé sur un ordre de bataille et d'éviter l'ennemi en changeant à propos ses amures et son ordre de bataille.

Nous avons vu, en traitant des escadres au vent, les moyens d'attaquer avec succès une escadre fuyant, formée sur l'angle de retraite; aussi qu'il serait souvent dangereux de le conserver trop long-temps ; c'est au général qui se trouve dans cette passe pénible, à juger jusqu'à quel point il peut le garder, et quand il doit en changer ; car la théorie ne peut donner aucun expédient pour empêcher qu'une petite armée qui est jointe par une grande, ne soit vaincue.

Étant sous le vent, fatiguer une escadre au vent, plus forte, qui cherche à engager une action générale, en changeant à propos l'ordre de bataille (fig. 32).

Cette manœuvre que je désigne ici comme appartenant à

une armée inférieure, peut être mise en usage par une d'égale force; car l'on ne doit pas regarder comme fuite une retraite par le moyen de laquelle on peut affaiblir considérablement son ennemi, en conservant ses vaisseaux en bon état; et si l'on a l'intention de détruire l'armée ennemie, on peut ensuite attaquer décidément lorsqu'elle a un grand nombre de vaisseaux hors d'état de soutenir un combat vif.

Évolutions.

Lorsque l'armée N verra celle M rangée sur un ordre de bataille parallèle au sien, laissant arriver pour combattre de près comme en M P, elle forcera de voiles, commencera à canonner aussitôt que les boulets porteront, et fera le feu le plus vif possible jusqu'au moment où l'armée M viendra tout à la fois au lof; alors, l'escadre N, couverte de la fumée ennemie et de la sienne propre, après la seconde ou troisième volée dans cette position, arrivera tout à la fois et ira à plusieurs milles sous le vent se former sur l'ordre de bataille opposé à celui qu'elle avait, comme en N K.

L'armée M aura été canonnée vivement par N tout le temps qu'elle aura mis à parcourir la portée du canon, sans pouvoir riposter; elle aura donc reçu des avaries qu'elle n'aura pu lui faire éprouver, et ce n'aura été que dans les trois ou quatre volées de travers à travers qu'elle aura pu lui en causer, encore est-il probable qu'elles auront été réciproques dans cet espace de temps.

L'armée N, en arrivant lof pour lof, recevra aussi à son tour des volées qu'elle ne pourra rendre; mais comme elle dépassera le front de M à peu près à contre-bord (ce qu'elle doit faire toute voile dehors), elle sera moins long-temps exposée au feu de M, que celle-ci ne l'a été au sien. Elle doit donc éprouver moins de dommage.

Je dis que N forcera de voile aussitôt que M fera porter, c'est afin de retarder le moment où celle-ci pourra se former en bataille, et prolonger le temps de la canonnade qu'elle reçoit gratuitement, et, de plus (s'il ventait bon frais) à se mettre en ligne avec beaucoup de voiles ; ce qui diminuerait considérablement son feu ; une grande partie, peut-être la totalité des vaisseaux, ne pouvant se servir de leurs batteries basses, tandis que toute l'artillerie de N aura son plein effet, avec un pointage bien plus facile.

Lorsque (*fig.* 33) l'armée N sera reformée sur son nouvel ordre de bataille, elle attendra, à petite voile, si son général a l'intention d'engager de nouveau, ou en forcera s'il désire s'éloigner ; enfin, soit qu'elle ait attendu, ou qu'elle y soit forcée par la supériorité de la marche de M, lorsque celle-ci aura changé son ordre de bataille, et arrivera encore sur une ligne NQ. Elle recommencera à canonner de loin comme précédemment, et quand M sera venue au lof, elle ira, comme elle a déjà fait, se former sur l'ordre opposé à plusieurs milles sous le vent, et ainsi de suite autant de fois qu'il plaira à M de revenir à la charge.

Il est probable que l'armée M renoncera bientôt à ses attaques successives ; car la totalité de ses vaisseaux devra être plus maltraitée que celle de N, si elle continuait ainsi de chasser ; elle serait obligée de laisser de l'arrière ses vaisseaux les plus avariés, et finirait (si la différence n'était pas trop grande) par n'être que d'égales forces, et combattre avec désavantage, si N s'obstinait ainsi à refuser le combat de la même manière.

Pour éviter cette ruse de la part de l'armée sous le vent, il faut la serrer au feu à portée de pistolet, afin que quand elle arrivera, pouvoir lui envoyer d'abord plusieurs bordées en poupe et de près, et ensuite arriver de la même manière qu'elle, en la chassant à toute voile, au risque, en engageant de nouveau, d'avoir une mêlée; ce qui ne peut rien avoir de désavantageux, puisque les forces sont également partagées de part et d'autre.

Réflexions.

La plus grande difficulté qu'éprouve une escadre qui accepte le combat étant sous le vent, est d'amener, aussitôt que l'ennemi, tous ses vaisseaux au feu, ou au moins peu de temps après lui; c'est pourquoi je pense que l'ordre de bataille, au plus près du vent, n'est pas le plus convenable pour une armée qui, étant sous le vent, reçoit l'attaque, et que celui sur la perpendiculaire est beaucoup préférable; car étant sur une ligne du plus près, l'ennemi pourra toujours, pour peu qu'il ait d'habileté, manœuvrer de manière à réunir la totalité de ses vaisseaux sur la tête de celle sous le vent, en rendant la queue inutile, peut-être pour beaucoup de temps, étant obligée de faire un contre-bord avant de pouvoir donner.

Étant sur le plus près, un vaisseau avarié cause presque toujours encombrement, tandis que sur la perpendiculaire ses matelots de l'arrière peuvent toujours la doubler sans causer le moindre dérangement, et rétablir presque aussitôt les distances. En outre, étant sur la perpendiculaire, l'armée faisant plus de sillage, prolonge de beaucoup la canonnade qu'est obligée de recevoir celle du vent, avant d'être à portée de combattre, ce qui est une grande considération. Enfin, si l'armée du vent se formait sur plusieurs colonnes et venait couper la ligne, les vaisseaux coupés pourraient de suite prendre part à l'action, en mettant entre deux feux ceux des vaisseaux ennemis qui seraient au vent ou sous le vent, mais de préférence ceux du vent. Parcourons ces différens cas.

PREMIER CAS.

L'ennemi B, au vent, formé son attaque sur la tête de l'armée A (*fig.* 34).

La première considération est que l'armée B, qui vient au combat sur le grand largue, ne fait guère plus de chemin que si elle y fût venue seulement trois quarts dans la voile, tandis que l'armée A, qui, je suppose, eût filé quatre nœuds, en file six sur la perpendiculaire ; Aussi le vaisseau de tête B, qui eût joint le vaisseau de tête A en A'; celui-ci, ne filant que quatre nœuds, ne le joint qu'en A", filant six nœuds ; mais l'oblique BB" est plus longue que celle BB'. Donc le vaisseau de tête B sera plus long-temps exposé au feu de l'ennemi, avant de riposter dans le second cas, que dans le premier ; et ainsi des autres vaisseaux.

Maintenant je suppose que l'armée B est arrivée en B', et qu'elle a réuni tous ses vaisseaux contre un plus petit nombre de la tête de A, soit en doublant ou non celle-ci en tête.

L'arrière-garde A, qui se trouve négligée, n'a qu'à prendre sur-le-champ le plus-près sous toutes voiles, pour venir en peu de temps doubler l'arrière-garde B comme en A'". Cette considération serait d'autant plus grande qu'il venterait peu ; car si A était formée sur la ligne du plus près, son arrière-garde, étant obligée de faire un contre-bord, arriverait bien certainement trop tard.

Si l'attaque était faite sur la queue de A, son avant-garde tiendrait de suite le vent, et viendrait prendre une position K (en panne), par le travers de laquelle arriveraient incessamment les deux armées, et B se trouverait doublée.

Cet ordre sur la perpendiculaire est tel que l'escadre sous le vent peut tout aussi facilement doubler celle du vent en tête ou en queue, que celle du vent peut le lui faire.

Si par hasard l'ennemi attaquait la tête et la queue de A,
en négligeant le corps de bataille, celle-ci pourrait se diviser
et porter un prompt secours à l'une et à l'autre, sans la
moindre confusion, ce qui serait bien difficile à exécuter, si
l'armée était rangée sur l'ordre du plus près.

DEUXIÈME CAS.

Si l'armée B (*fig.* 35), formée sur deux colonnes, venait vent arrière ou grand largue, pour couper la ligne A ;
supposant même qu'elle effectuât son projet, elle n'en tirerait
pas un grand avantage ; car l'arrière-garde A, tenant le vent
à propos, doublerait au vent, et mettrait cette ligne entre
deux feux ; et même, si les colonnes de B tenaient une grande
distance, elle les rencontrerait, les couperait et mettrait sans
doute un désordre complet dans cette armée.

TROISIÈME CAS.

L'ordre de bataille sur la perpendiculaire du vent serait
très-convenable pour une armée sous le vent qui chasse celle
du vent afin d'attaquer. Si celle du vent se tenait formée sur
l'ordre du plus près, comme en B (*fig.* 36), l'armée A arrivant subitement sur la perpendiculaire, couperait son arrière-
garde, qui ne pourrait être secourue que bien tard et avec
beaucoup de peine.

Une armée qui se trouverait dans le cas de celle B serait
obligée de perdre l'avantage du vent ; pour éviter une pareille
attaque, qui ne pourrait que lui être désavantageuse sous tous
les rapports, ce qu'elle pourrait faire de mieux serait de se
ranger elle-même d'avance sur la perpendiculaire du vent,
et combattre à contre-bord.

TROISIÈME SECTION.

DES ESCADRES EMBOSSÉES.

Une escadre peut être embossée d'autant de manières différentes qu'on peut imaginer de formes de rades foraines ou
fermées. Il serait donc très-difficile et trop long de parcourir
toutes les manières d'embossages. Ainsi l'on ne peut donner
que des idées générales.

Attaquer une Escadre embossée.

Avant d'attaquer une escadre embossée, il est nécessaire de
bien connaître toutes les localités du lieu où elle est, et tous
ses moyens de défense, afin de ne pas s'engager imprudem-
ment; car, si l'armée attaquante n'est pas victorieuse, elle
doit être totalement perdue. L'une et l'autre armée se battant
à l'ancre, il est probable qu'à la fin du combat il ne restera guère
de mâts ni de vergues en place, donc celle en plus grande partie
vaincue l'est en totalité, faute de moyens aux vaisseaux qui
ne sont pas rendus de s'échapper (les combats à l'ancre sont
ordinairement plus opiniâtres que ceux sous voile, en ce
que les vaisseaux maltraités ne peuvent pas quitter le feu),
surtout si c'est celle attaquante, qui aura pu d'abord, par un
vent frais et sous vergue, se soustraire vivement au feu des
forts protégeant celle embossée, ce que ne pourraient faire
des vaisseaux avariés avec un vent contraire. (Je suppose ici
des forts, parce qu'il est très-rare qu'une armée s'embosse
pour combattre hors la portée du canon de terre).

Le général qui attaque doit donc être résolu à vaincre ou périr ; et, suivant le principe général, il doit amener toutes ses forces contre la partie de celles ennemies la moins à portée d'être secourue par le reste : ainsi c'est contre la partie la plus au vent qu'il doit les diriger, celle sous le vent devant avoir un appareillage beaucoup plus difficile ; ce qui pourrait lui donner l'avantage bien grand de combattre l'ennemi partiellement, faisant agir toutes ses forces réunies et en même temps.

L'attaque doit être faite d'aussi près que possible, afin de mettre les batteries de terre dans la nécessité de taire leur feu, dans la crainte d'endommager leurs propres vaisseaux.

Quelques vaisseaux de la queue doivent être destinés à gêner l'appareillage des vaisseaux ennemis sous le vent, afin de mettre le plus de confusion possible parmi eux, ce qui pourrait en conduire quelques-uns à la côte, s'ils en étaient assez près, comme cela doit être supposé, pour ne pas laisser de passage, dans la crainte d'être coupé.

Le général attaquant pourrait faire tenter, par quelques vaisseaux de la tête, de s'embosser, en traversant la ligne ennemie ; c'est-à-dire, de mouiller entre deux vaisseaux, de manière à présenter le flanc à chacun d'eux, à l'un, par l'avant, à l'autre, par l'arrière. Si cela réussissait, un certain nombre de vaisseaux devrait être destiné à faire cette manœuvre, tandis que les autres prendraient le travers de ces mêmes vaisseaux.

Je dis qu'il faudrait faire tenter par quelques vaisseaux de tête, parce que l'armée embossée pourrait avoir barré les distances qui séparent ses vaisseaux, soit par des câbles prenant de l'un à l'autre, soit au moyen de câbles, d'ancres, et de flottes, ce qui mettrait les vaisseaux destinés à traverser, dans l'obligation d'aborder de suite, nécessité qu'on ne doit cependant pas craindre; car ce genre de combat aurait bientôt décidé le sort de l'affaire.

Si l'escadre embossée était susceptible d'être traversée, on pourrait former une seconde ligne entre elle et la terre, pour en mettre une partie entre deux feux; mais les échouages seraient bien à craindre, et les batteries de terre joueraient tout à leur aise sur cette seconde ligne (tout cela dépend du terrain). Sauf meilleur avis, je crois que, dans l'attaque d'une escadre embossée, ce serait bien le cas de donner un abordage général, toujours la totalité des forces attaquantes contre un plus petit nombre de celles ennemies, ceci ménagerait bien du sang et des agrès.

Dans tous les cas possibles, on doit prendre en considération si le lieu où est l'escadre ennemie est, ou non, sujet à de plus ou moins forts courans, ou marées, et leurs directions; car on doit supposer qu'elle a pourvu à sa défense dans tous les cas possibles, et un changement de courans prévu par l'une et non par l'autre pourrait être la perte de celle-ci.

Défendre une escadre embossée contre les attaques d'une escadre venant du large.

C'est au général qui vient au mouillage avec une escadre dans une baie ouverte ou fermée, à juger de suite, par la position des terres et pointes, des moyens de défense qu'elle lui offre; car outre les précautions qu'il doit prendre pour bien ranger ses vaisseaux en ordre de bataille, il doit aussi, et de suite, s'il craint d'être attaqué, ou même s'il doit rester quelque temps à ce mouillage, fortifier tous les points susceptibles de le défendre, si cela n'était pas fait d'avance.

Alors on fait communément des batteries à terre avec des canons des vaisseaux pris du côté opposé d'où peut venir l'ennemi ; cependant, comme le général pourrait trouver convenable d'appareiller promptement d'après les avis qu'il aurait reçus des forces ennemies, afin de n'être pas retardé par le rembarquement des canons mis à terre, il serait très-bien trouvé que chaque vaisseau eût une ou deux pièces de 18 ou 24 de plus que son artillerie, et placées dans la cale, de manière à en être tirées au besoin; on devrait aussi mêler dans le nombre quelques mortiers d'un calibre moyen; au moyen de cette artillerie supplémentaire, on établirait à volonté des batteries qui, tirant à boulet rouge, feraient beaucoup souffrir l'ennemi, étant placées avec sagacité, lesquelles pourraient être abandonnées, au besoin, sans affaiblir ni retarder les mouvemens de l'armée.

L'escadre destinée à se battre au mouillage, doit être placée de telle sorte, qu'elle ne puisse être coupée à la tête ni à la queue, entre la terre et elle; cependant il est certain que, sans courir risque d'échouer les vaisseaux de tête et de queue, on ne peut les mouiller assez près de terre pour qu'il ne puisse se trouver le passage d'un vaisseau entre ; mais on peut y suppléer, au moyen de câbles traversiers, mouillés sur de fortes ancres, et soulagés à fleur d'eau par de grandes bouées ou flottes, que l'on peut fabriquer avec des espars, des mâts, des vergues, etc., de rechange, ou même se servir de chaloupes de vaisseau, placées de distance en distance.

Les vaisseaux doivent être mouillés aussi près que possible les uns des autres : il faut pour cela avoir égard aux courans et aux vents que l'on est susceptible de recevoir avec violence.

Des touées doivent toujours être élongées de manière à mettre les vaisseaux beaupré sur poupe au moment de l'action ; tous les vaisseaux doivent avoir des embossures, pour être toujours en état de prêter côté, et d'appareiller au premier signal ; il serait aussi nécessaire que les distances entre les vaisseaux fussent barrées par des câbles prenant de poupe à proue, afin d'empêcher l'ennemi de traverser ; on pourrait aussi se servir d'ancres mouillées dans l'intermédiaire, pour empêcher le choc d'être aussi violent sur les extrémités des vaisseaux embossés.

Si, au moment de l'attaque, l'ennemi dirige ses forces de préférence sur l'une des extrémités de la ligne, les vaisseaux qui ne peuvent prendre part à l'action doivent, sans attendre d'ordre, mettre sous voile et aller former une contre-ligne au vent de l'ennemi pour le mettre entre deux feux.

Quoiqu'il serait certainement plus avantageux de se battre sous voile, il est cependant prouvé qu'un petit nombre de vaisseaux bien disposés dans leur embossage, et bien soutenus par des batteries, seraient difficilement réduits par un plus grand nombre ; ils pourraient être détruits à force très-inégale ; mais ils ne doivent pas tomber au pouvoir de l'ennemi ; car ils doivent être brûlés ou coulés. La difficulté de les vaincre, vient de celle d'amener plus d'un vaisseau contre un vaisseau.

L'embossage d'une grande armée, ne permettant pas de faire suivre à la ligne les sinuosités du rivage, comme le ferait une moindre, n'offre pas le même état de défense. Le combat glorieux du général Linois, dans la baie d'Algéziras, est une preuve de ce que j'ai dit plus haut.

SIGNAUX.

N°. 1er.

.Attaque n°. oo.

N°. 2.

Les vaisseaux n^{os}..... d'arrière-garde formeront la colonne traversière.

N°. 3.

Faire route à ..... sans déranger l'ordre actuel.

N°. 4.

La colonne traversière coupera et barrera la route à l'ennemi.

N°. 5.

Mettre le cap dans la ligne de bataille en virant lof pour lof tout à la fois.

N°. 6.

Le vaisseau de tête coupera la ligne ennemie au sommet de l'angle de son ancien ordre avec le nouveau.

N°. 7.

Ordre à la colonne traversière d'aller se placer au vent de l'ennemi.

N°. 8.

Ordres aux n^{os}. .... vaisseaux de tête, de doubler l'ennemi en tête et former une contre-ligne sous le vent.

N°. 9.

Ordres aux n^{os}. ...... vaisseaux d'arrière-garde, d'aller se placer au vent de la nouvelle ligne ennemie en larguant de deux quarts.

N°. 10.

Ordre aux 2 ou 3, etc., vaisseaux d'arrière-garde, de doubler l'ennemi et de former une contre-ligne.

N°. 11.

Se tenir prêt à un abordage général.

N°. 12.

Ordre à l'armée d'arriver d'une demi encâblure.

N°. 13.

Ordre aux n°°. 2, etc., vaisseaux de queue, de doubler l'armée au vent et de prendre la tête.

N°. 14.

L'armée est coupée à l'arrière-garde.

N°. 15.

L'armée est coupée à l'avant-garde.

N°. 16.

L'avant-garde ennemie vire.

N°. 17.

L'arrière-garde ennemie vire.

N°. 18.

L'ennemi vire par la contre-marche vent devant.

N°. 19.

L'ennemi arrive, tous à la fois.

N°. 20.

Ordre à l'armée de mettre le cap dans la ligne du plus près, en virant lof pour lof tous à la fois, et de recouper l'ennemi.

N°. 21.

Ordre de laisser porter à la tête et de traverser l'ennemi à son tour.

N°. 22.

Ordre à l'armée d'arriver sur la perpendiculaire du vent.

N°. 23.

Traverser l'ennemi.

N°. 24.

Arriver lof pour lof et se former sur l'ordre de bataille opposé, le vaisseau de queue devenant celui de tête.

N°. 25.

Ordre aux 2, 3, etc., vaisseaux de la queue de chaque colonne, de se détacher, et de former une nouvelle colonne sous le vent.

N°. 26.

Ordre aux 2 et 3, etc., vaisseaux de tête de la colonne du vent, de forcer de voile, doubler l'armée de l'avant, et aller former une contre-ligne sous le vent de l'avant-garde ennemie.

N°. 27.

Ordre aux 2, 3, etc., vaisseaux de queue de la colonne du vent, d'arriver et d'aller former une contre-ligne sous le vent de l'arrière-garde ennemie.

N°. 28.

Le vaisseau n°. .... restera en observation et remplacera le vaisseau avarié.

N°. 29.

Ordre à la colonne du centre de mettre en panne.

N°. 30.

Ordre à la colonne du centre d'arriver pour former l'ordre de bataille à la suite de la colonne sous le vent.

FIN.

TABLE

DES MATIÈRES.

TROISIÈME SECTION.

DES ESCADRES EMBOSSÉES.

FIN DE LA TABLE.

Fig. 1.

A
B
C
D
E
F
G
H
K
L
M
V

Fig. 2.   A   A'O   A"   d

Fig. 3.   A   A'O   B

Fig. 4.   A   B   B'

Fig. 5.

Fig. 6.

Fig. 7.

Fig. 8.

Fig. 9.

Fig. 10.

Fig. 11.

Fig. 13.

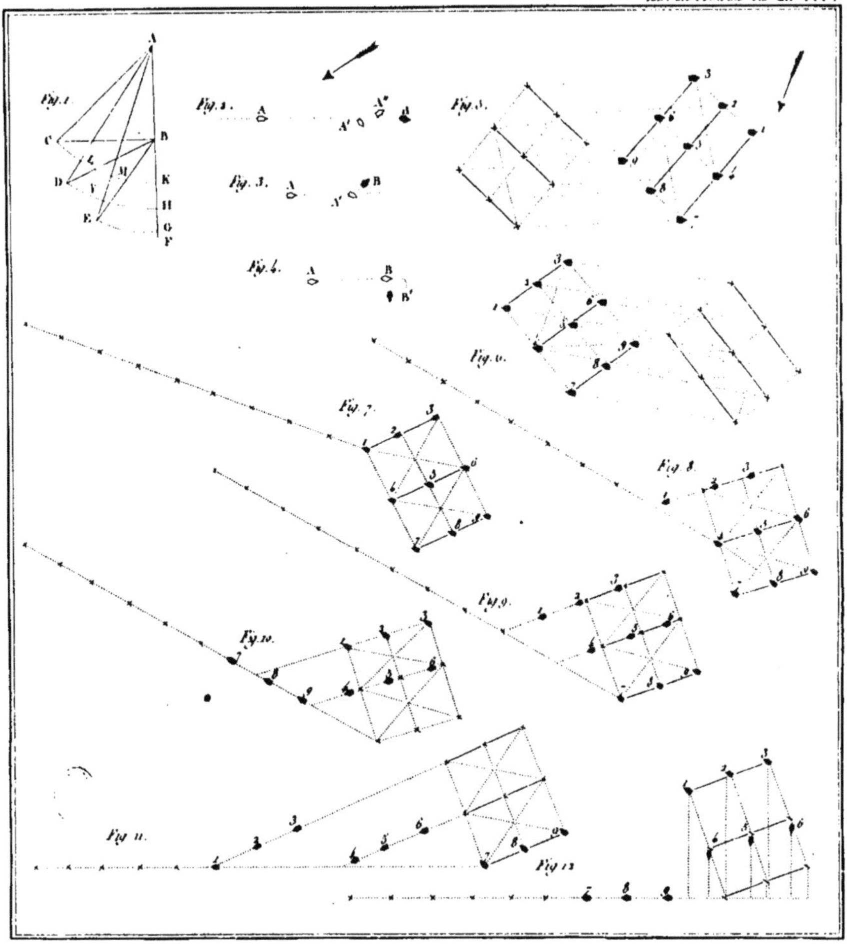

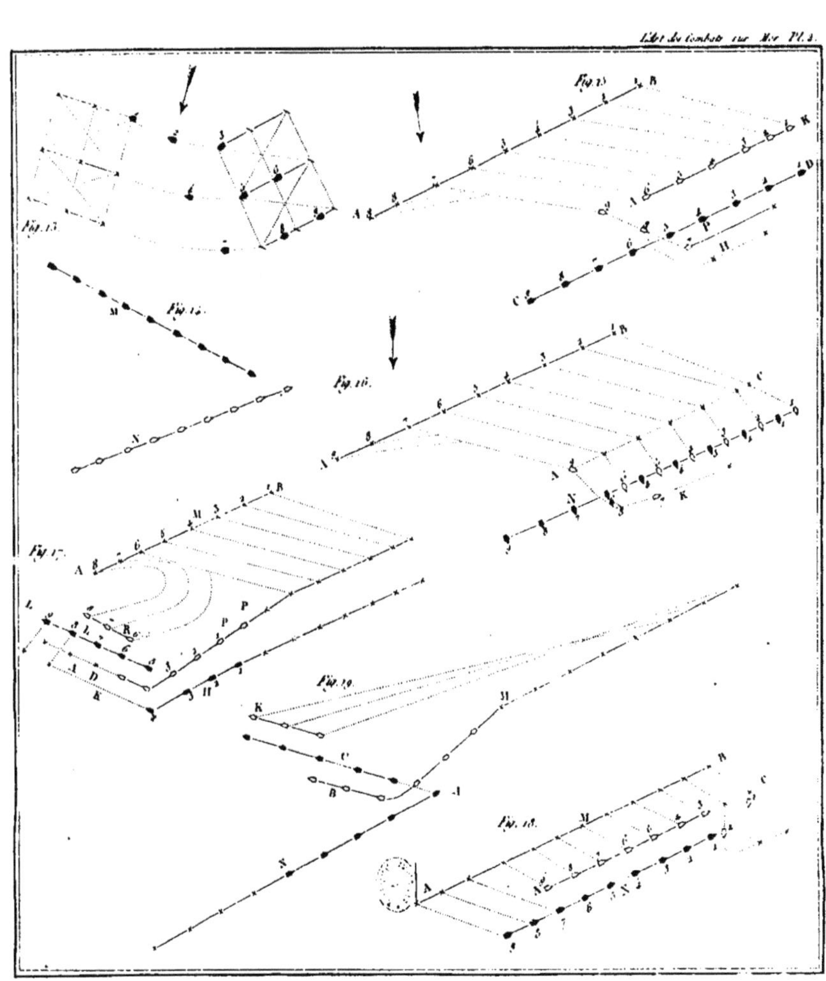

L'Art des Combats sur Mer Pl. 3.
Fig. 13.
Fig. 14.
Fig. 15.
Fig. 16.
Fig. 17.
Fig. 18.
Fig. 19.

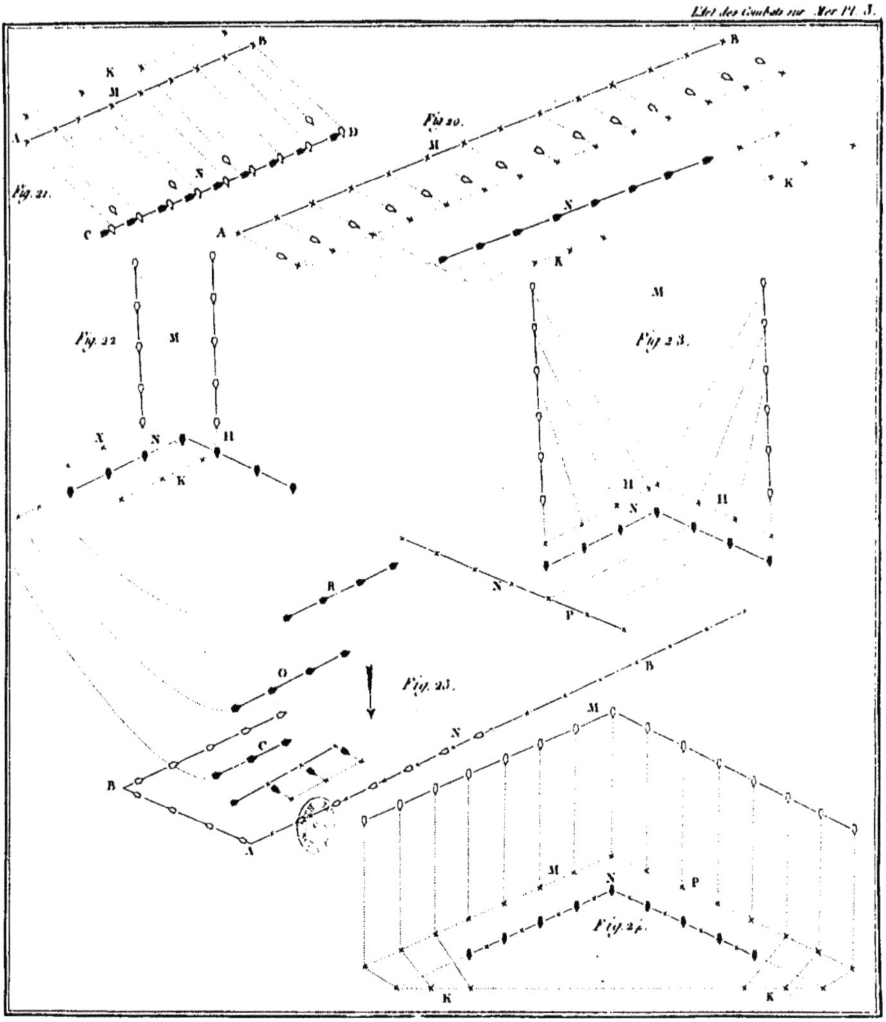

L'Art des Combats sur Mer Pl. 3.
B
K
M
A
D
Fig. 21.
N
C
Fig. 20.
M
N
K
K
M
Fig. 22
M
Fig. 23.
X
N
H
K
H
N
H
R
N
P
O
B
Fig. 25.
N
M
C
B
A
M
N
P
Fig. 24.
K
K

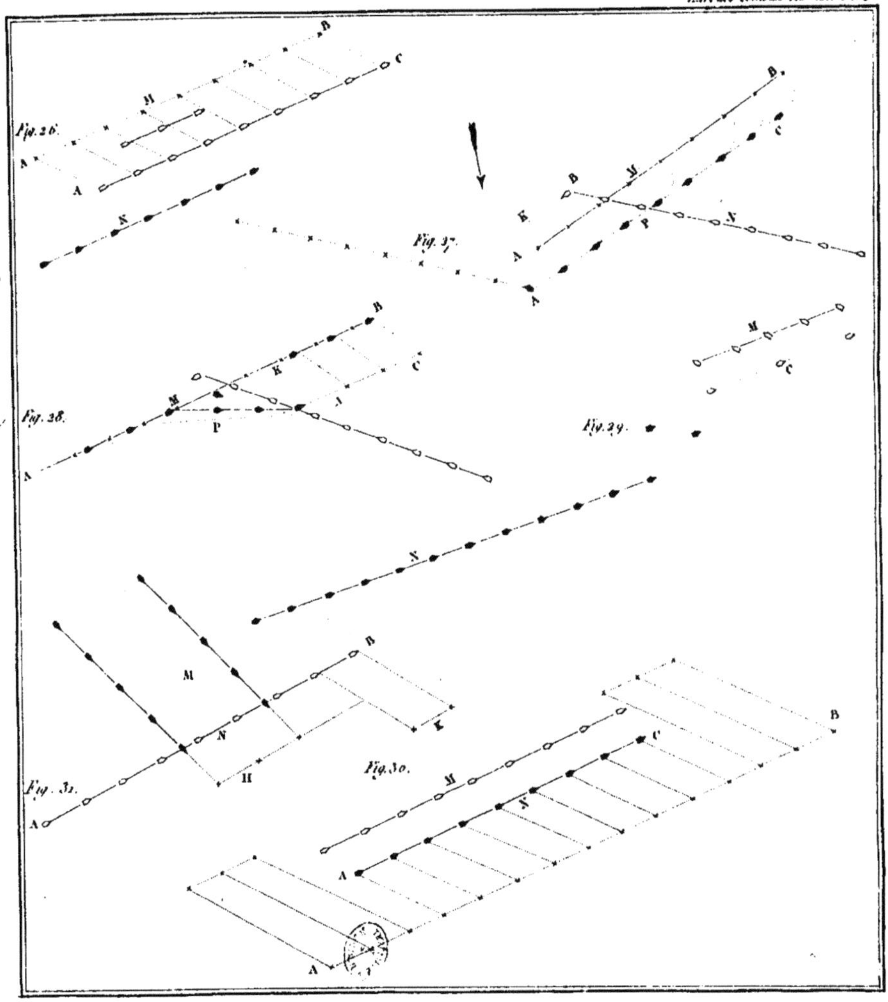

Fig. 26.
Fig. 27.
Fig. 28.
Fig. 29.
Fig. 30.
Fig. 31.

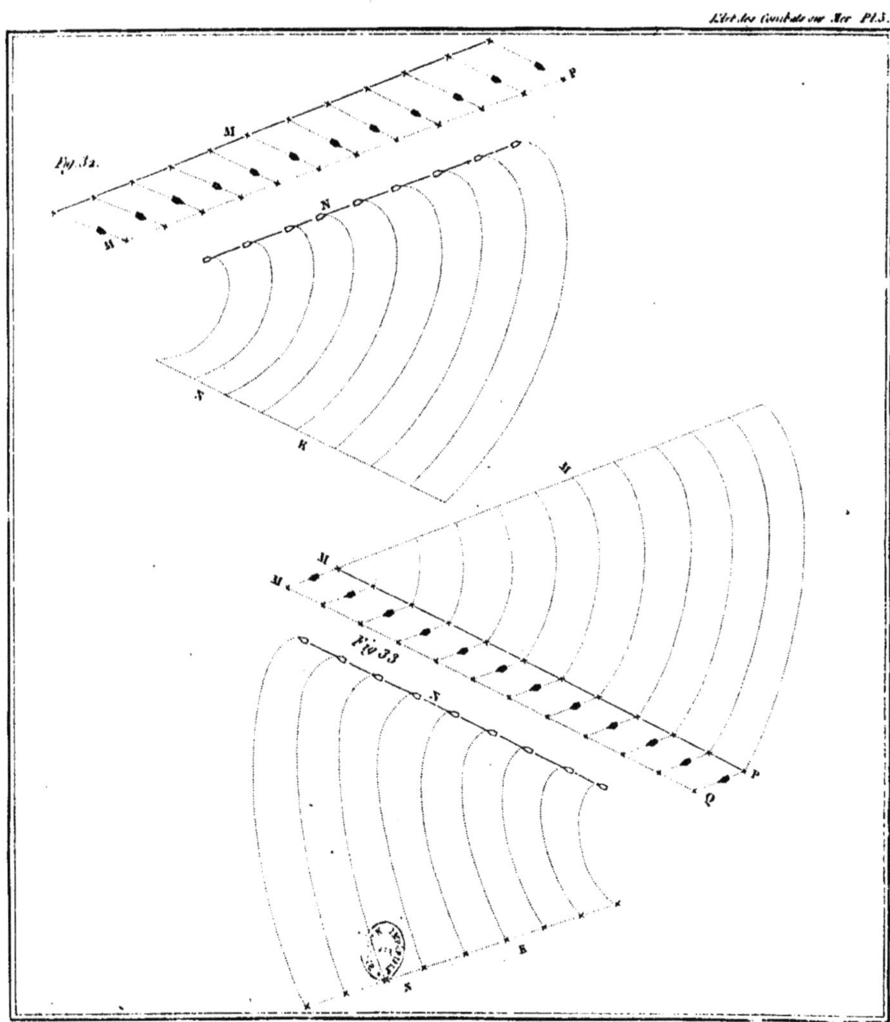

L'Art des Combats sur Mer. Pl.3.
Fig.32.
Fig.33.
M
N
P
Q
S
K

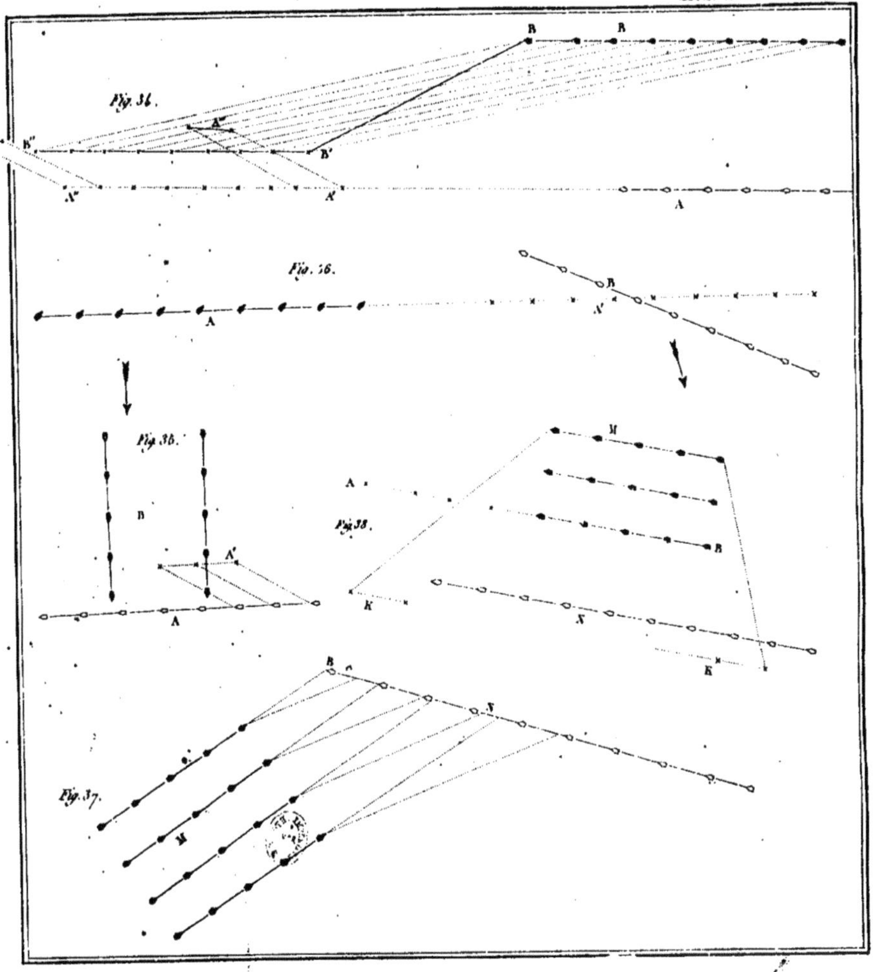

Fig. 34.
Fig. 36.
Fig. 35.
Fig. 38.
Fig. 37.